シリーズ　ソーシャル・サイエンス

社 会 学

JN029616

Series Social Science
シリーズ　ソーシャル・サイエンス

社 会 学

「非サイエンス」的な知の居場所

筒井淳也
Junya Tsutsui

岩波書店

巻 頭 言

　今日，人文社会科学において，実験的手法や統計的分析，さらには機械学習やディープラーニング等の進展・活用がめざましい．とくにその影響を色濃く受けている学問領域では，近接領域との横断が不断に試みられており，学際的な共同研究も飛躍的に進んでいる．当然，それに伴い方法論も著しい発展をみせている．

　ところが，そうした理論や方法論の刷新が人文社会科学において断続的になされていることは，必ずしも人口に膾炙しているとは言えない．事実，昨今の日本において顕著にみられる人文社会系の学問を軽視する風潮は，そのことを如実に示すものとなっている．

　しかし人文社会科学においても，自然科学と同様，ピアレビューが実践され，定量的・定性的アプローチや計測・測定といった側面でも，一層の彫琢が図られてきた．もちろん，人文社会科学内部でそうした手法の扱い・位置づけについて，必ずしもコンセンサスがあるわけではない．

　たとえば，人文社会科学のなかには，人間行動や社会の解明を法則定立的に追究する経済学や心理学，個体差や社会の多様性・非単線性を明らかにしようとする社会学，独自の言語世界を構築する一方で人間行動との密接不可分性を意識する法学，そして統計的因果推論等の最先端の手法を使いつつも，現象の個別性や規範分析にも一定の注意を払い続ける政治学などがある．また，莫大な社会的データの分析を目指す計算社会科学は，そうした学問領域の垣根を越えてムーブメントを起こしつつある．

　そうした人文社会科学内部での違いは，自然科学内部でも同様の違いがみられるように，各学問領域のサイエンスとしての一定の成熟を表しているように思われる．本企画「シリーズ ソーシャル・サイエンス」は，その点を明らかにすべく，各ディシプリンを代表する気鋭の研究者たちが，自らの学問的苦闘，経験もふり返りながら，その魅力と可能性，方法論などについて，実直にそして雄弁に，まさにサイエンスとして語るものである．

　読者諸賢におかれては，本シリーズを活用して，ソーシャル・サイエンスをめぐる知的創造の旅を共にしてくださることを願ってやまない．

シリーズの筆者を代表して

東京大学　井 上　彰

はじめに

本書の目的は，筆者の研究分野である社会学で行われている研究実践を検討することを通じて，「サイエンス(科学)」というものの特徴の一部をあきらかにし，そのうえで「非サイエンス」的な——つまり典型的なサイエンスの作法に則っているとはいいにくい——知の活動に一定の存在理由を与えることである．

社会学は，いろんな意味で「非サイエンス」的な要素を含みこんでいる．先取り的に，いくつか挙げておこう．

まず社会学は，心理学や経済学といった隣接分野と比べて，数量データをエビデンスとして用いない「質的研究」の比重が大きい．この傾向は日本の社会学において顕著であるが，欧米の社会学においても，影響力の強いモノグラフ[1]的研究において質的研究の存在感は無視できない．他分野を見てみると，政治学でも質的研究は多いが，政治学方法論に関する論争をみるかぎり，政治学でいう質的研究は，サイエンス分野における標準のひとつである「因果推論」に傾いており，量的研究との一定の親和性がある[2]．つまり質的研

---

1) 「モノグラフ」という言葉については，ここでは通常の科学ジャーナルに掲載される論文とは異なり，多くの場合単行本あるいはシリーズのかたちで出版される学術書であり，特定のテーマについて多角的に論じているところに特徴がある，といった意味で用いている．

2) 有名な『社会科学のリサーチデザイン』(King et al. 1994=2004)では，量的研究における因果推論の枠組みは質的研究においても参照できるとの議論が展開される．久米(2013)では，政治学の研究を中心に，少数事例における因果推論の方法についていくつか紹介されている．

究においても，サイエンスの枠組みが参照されやすい．しかし社会学ではこのような親和性はみられず，質的研究と量的研究は基本的に分断しており，サイエンスの標準があてはまりにくい研究活動の占める幅が大きい．

以上は実証研究の話であるが，理論研究においても，社会学においては数式等を使った演繹的推論の占める割合が少ない．数理社会学という分野での研究の蓄積はあるものの，経済学に比べればフォーマルな理論の役割はきわめて小さい．むろん「理論」は数多くあるが，数式展開を使った理論展開は稀であり，演繹的推論は目立ったものではない．

最後に，計量的なデータを用いた研究でも，社会学は他分野といささか異なった特徴を持っている．主に北米の社会学で普及している計量社会学においても，経済学，心理学，そして最近の政治学で主流となっている因果推論への傾斜の度合いが弱い．

以上の3点を確認したうえで，本書では次のような問いに取り組みたい．すなわち，社会学が以上のように「非演繹的な理論研究」「非因果推論的な実証研究」という「非サイエンス的」な傾向を持っているとすれば，それは学問にどのように貢献しうるのか，という問いである．

また本書では，この問いに取り組むことを通じて，理論と実証のそれぞれの概念の「鍛え直し」の一助となることを目指す．

そもそも抽象的な理論とはどういう働きを持つのか．実証分野を主導する数量的研究，そして統計学的因果推論とはどういうものなのか．この問いは，抽象的な理論を使わず，数量データも使わず，そして因果推論を伴わない質的研究を多く抱えていながら，制度としての学問分野のかたちを長い間維持してきた社会学の研究実践を

みていくことで，はじめて答えられるものであると考える．

　要約代わりに，以下に結論を短くまとめておこう．

　まず，抽象化された理論は，複雑な社会現象・経験を，具体性から離れて演繹的推論が可能なモデルとして表現することで，そうしないと見えてこない新たな知見を発見するという機能がある．そのため，社会現象からいったん距離を置くことになる．こうした戦略（本書では「距離化戦略」と呼ぶ）は，検証・反証可能性の尊重という科学で広く共有されている基本方針にもかなう．またこうした理論においては，環境・条件が変わっても通用する，できるだけ普遍的な理論の構築が目指される．このことは，やはり実際の環境・条件からの「切り離し」によって可能になる．

　社会学でも理論はあるが，その多くは自然言語で表現できる，概念的な緩さ（解釈の多様性を許す緩さ）を含みこんだ非演繹的推論の要素あるいは結果である．このあいまいさが，理論構築においてすぐさま理論の優劣に結びつくことはあまりない．このことは，あえて現実からあまり距離を置かず，ときにあいまいな「人々（非専門家）の概念」を参照することで，多様で変化する社会の方から問題を受け取り，理解しようとする方針の反映である．社会学では，標準的なサイエンスにおけるように，環境・条件が変わってもできるだけ通用する理論を導くことが目的なのではなく，変化する社会のなかに投げ込まれた問題を取り扱おうとする．このため専門概念と一般概念の距離が近く，前者は後者を頻繁に参照するため，対象を記述することと対象による（自己）記述の区別があいまいになる．これを本書では「反照戦略」と呼ぶ．この戦略を採ると，対象の変化や多様性に応じたきめ細かな要約・記述が可能になるが，そのかわりにサイエンスにおいて重視される再現性や反証可能性は小さくなる．

誰が解釈しても同じように把握されるような基準が少なく，解釈の余地が大きい概念が理論において使われることが多くなるからである．

　以上のような「対象の側から問いを受け取る」という社会学の研究方針は，探索的な質的研究と相性がよい．そしてこのことは，計量データを「確証」的な因果推論ではなく，社会の多様性・変化の「探索」「要約」として用いることが比較的多い計量社会学の研究方針にも反映されている．そこでは「異質なものの比較」に重点が置かれるのであって，「同質なものの比較」(を通じた因果推論)は後景に退く．

　「演繹的推論を重視しない」「因果推論を重視しない」という「非サイエンス」的知識生産の意義は，学問が置かれた状況に応じて異なる．社会環境が同質で，そこで活動する個体(個人)も同質な状況であれば，演繹的推論や因果推論はより効果を発揮する．このような状況は自然現象においてはある程度存在するが，一回性の強い気象現象などもあり，すべてが同質性を想定できるわけではない．そして社会においては，特に変化の早い現代社会においては，こうした目まぐるしく変化する環境と反照しあって理論・実証研究を行う非サイエンス的な知識のあり方が要請される度合いがより強くなるだろう．

　要約は以上である．
　「シリーズ　ソーシャル・サイエンス」のなかでは，本書は独特の位置づけになるかもしれない．「人文社会系」の学問の存在理由を，いわゆる理系の研究者に伝えるためには，「社会を対象とした学問もサイエンスでありえるし，そのような研究の蓄積も膨大にあ

るのだ」ということを強調する意義は大きい．本シリーズの主旨は
ここにあるのであって，それは揺らぐべきではない．

　他方で，すでに述べた理由により，社会科学における「サイエン
ス」的ではない知的実践についても適切に位置づけておかないと，
それはそれで知的世界は間違った方向に進みかねない．そして「非
サイエンス」的知の意義の主張は，「視野を広く持つためには人文
学的素養は欠かせない」といったあいまいな，しかし幾度となく繰
り返されてきたメッセージであるべきではない．サイエンスの特性
を踏まえたうえでの，地に足の着いた考察であるべきで，サイエン
スから遠く離れた場所から発せられる「人文屋の戯言」に聞こえて
しまっては元も子もない．

　筆者は社会学者であるが，計量研究者であり，また経済学や心理
学，そして政治学といった他分野の研究者との接点も多い．統計
学や計量研究の入門書を執筆する機会もあり，2020年の本書執筆
時点では，数理社会学会の副会長を拝命している．社会学のなかで
は，はっきりと「サイエンス」寄りの立ち位置である．

　このことで興味深いエピソードがある．筆者は少なくとも修士課
程のころまでは，社会学の古典を読み込んで解釈するタイプの，あ
る意味で典型的な人文的研究をしていた．その後計量研究に足を踏
み入れていったのだが，あるとき，長いあいだ目をかけてくれてい
た先生から「筒井君，理転したのか」と声をかけられたのだ．一応
付言しておくと，理転とは「文科系の専攻から理科系の専攻に転身
すること」である．

　「理転」した筆者があえて「非サイエンス」の知識の意義を説こ
うとしているわけであるから，「人文系知識人の苦しい言い訳」と
一蹴せずに，耳を傾けてもらいたいと願うのである．

目　次

はじめに

第1章

....

社会学における理論
—演繹的ではない理論の効能—

1 演繹体系としての理論

　通常の意味でのサイエンス(以下，科学とサイエンスということばは互換的に用いる)の知的活動において，推論(inference)の方法は重要な位置づけを与えられている．理論研究においても実証研究においても，特定のかたちでの推論を軸に知的実践が体系化されているといってよい．たとえば理論構築は，演繹あるいはそれに類する推論によってなされることが期待される．実証研究では，典型的には理論から演繹的に導かれる仮説が示す(予想する)状態と，観測事実が一致するかどうかが焦点となる．仮説演繹法や反証可能性といった基準は，厳密には「科学とそれ以外」を分ける線引きの基準ではないということを，数多くの科学哲学上の知見が示しているのにもかかわらず，これらの方針は実際問題として多くの科学者の実践を導いている．

　標準的な科学の方法をシンプルに言い直すと，「理屈で考え，現実で検証する」ということになる．もちろん，我々は日常生活でもこういった知的活動をすることがある．たとえば「通勤で満員電車を避けるためには始発に乗ればいいはずだ．なぜなら多くの会社の

始業時間から推察すれば，始発に乗る人は少ないはずだからだ」という理屈を，現実に検証し(実際に始発電車に一度乗ってみる)，その結果当初の考え方が正しい，と確信するのである．ただ，こういった活動を「科学」だと考える人はいない．何が違うのだろうか．

　まず，問いの学術的な意義の薄さを指摘できるだろう．「満員電車を避けるためには始発に乗ればいいのか」というリサーチクエスチョンに取り組んだ論文が掲載される学問分野はおそらくない．

　別の重要な論点は，論証や検証の「緩さ」にある．さきほどの「満員電車」に関する日常的推論の例では，検証において依拠されるのはせいぜい数度の観察であるし，観察方法もいい加減で，路線や乗車区間といった条件に起因するセレクションやバイアスの問題を考慮していないのだから，科学者からすれば検証が甘い．そして理屈上の推論も緩い．始業時間の推論は経験的(帰納的)判断だとして，始業時間から多くの人の通勤時間を推論するのは，理屈上では十分に意味が通るが，解釈の余地が小さい演繹的推論であるとはとてもいえない．要するに素人の推論は，理屈にせよ検証にせよ，「他の人が他の状況で推論すれば他の結果がもたらされる」余地が大きい．すなわち「客観性」の度合いが小さいものになる．

　科学では，理論とはさしあたり演繹的推論体系を指す．たとえ理論のすべてが隅々まで演繹的推論によって構成されているわけではなくとも，主要な部分は演繹的推論で占められている．演繹的推論の特徴は，解釈の余地がない，あるいは少ないことである．

　この章では，まず理論的推論について考察する．推論において，ある前提から結論を導く際に，解釈によって，ひいては解釈する人や環境・条件によって結果が大きく異ならないことが，演繹的推論と科学の相性の良さを説明する．

　科学はいうまでもなく「客観性」を重んじるが，これは必ずしも「主観」から独立した確固たる不変のモノがあるかどうかというよりは，「人や場合によってプロセスや結論が異ならない，あるいは異なりにくい」といったことを指している．実証についていえば，客観的な実証とは，動かしがたい真実を証明するというよりも，反証可能な仮説について，誰もが再現可能な——つまり人や場合によって大きく異ならない——プロセスで検証が行われている，ということである．特定の特殊な技能や直感を持っている人しか再現できない結果は，科学的知見とはみなされにくい．かつプロセスが公開されていない，あるいはその予定がない場合にも，科学的ではないとみなされる．実際にはプロセスには言語化・明示化できない複雑な「実践知」が関わっているという研究が数多くなされているが（Lynch 1993=2012），それでもこういった基準は尊重され続けている[1]．

　演繹的推論に話を戻せば，それが科学と相性が良いのは，まさにこの客観性に理由がある．つまり，ある理論体系に含まれる演繹的推論は，誰が行ってもだいたい同じ結論に到達するのである．記号論理学の言語で記述される言明群や，数式で表現される体系は，こういった理論体系の代表例である．

　社会科学においても，科学的志向の強い経済学の理論研究においては，演繹的推論がそれなりの役割を果たしている一方，その知的

　1）　後のホーリズム（全体論）の議論のところでも触れるが，科学的実践において「厳密にはこうなっている」ということと，「現場で意識されている」ことは異なる場合がある．ここでは主に「程度」問題の議論を展開するため，多くの科学実践者が反証主義のプロセスを尊重しているのなら，その実践は反証主義的な色を帯びるはずだ，と想定する．もちろんだからといって，科学的知の展開が反証主義で徹頭徹尾説明できる，ということではない．

活動の全体をみわたしてみれば，複雑な演繹的推論を含まない研究も多い．ただ，これは自然科学も同様である．医学，生物学，化学の分野では，論文のなかに数式が含まれないことも多い[2]．科学哲学で整理されているとおり，科学における推論には演繹以外にもアブダクション[3]や(演繹と帰納を組み合わせた)仮説演繹などいくつかのパターンがあり，理論内部における論理展開は必ずしも演繹的に行われるとは限らない．

ただ，やはり全体的には科学的営みにおいて演繹的推論の役割が小さいとは言えない．経済学においてもそうで，理論的研究についていえば，数式展開のない研究はほとんど存在しないといえるだろう．

2　推論における偶有性の排除

科学志向の強い分野において数式等を用いた演繹的推論がなぜ優先されるのかについては，すでにひとつ理由(=客観性)を述べた．別の言い方をすれば，それは推論における偶有性(contingency)のなさ，あるいは少なさである．「演繹」と「偶有」の概念を対照させることはあまりないかもしれないが，本章ではこの枠組みで考えてみたい．

人々の実践や思考が「偶有的である」というのは，そのプロセス全体が恣意的あるいは偶然的な要素に左右される，ということであ

---

2)　たとえば山中伸弥がノーベル生理学・医学賞を受賞するきっかけとなった論文(Takahashi & Yamanaka 2006)には，数式は一つも使われていない．
3)　アブダクションとは，観察された複数の事態を尤もらしく説明する仮説を採用するという推論の方法である．観察された事実の集合ではないという点で帰納的推論とは異なるし，観察された事実の説明は(尤もらしいものであるものの)他でもありうる偶有的なものであるという点で演繹的推論とも異なる．

る．この言葉が便利なのは，いわゆるバイアス(系統誤差)と誤差(ランダム誤差)の両方を意味しうる点にある．推論が人や状況によって特定方向に偏りを見せるならば，それはもはや演繹的ではない．ただ，推論の偏りは帰納的推論(経験的検証)においても排除が目指される要素である．文字通り，偏り(バイアス)は計量分析において避けられるべき第一級の問題であろう．

これに対してランダムに発生する誤差は，経験的検証においては通常は許容される．バイアスを取り除いたうえで，誤差の範囲を特定するのが標準的な統計学の手続きである．他方で演繹的推論なら，同じ前提のセットから出発したのに，結論にランダムなブレが生じる，ということはない．推論のミスがランダムに発生することはあるだろうが，それは演繹的推論自体の特性ではない．

さて，社会学の「理論」は，日常言語に近いこともあり，この偶有性と大きく絡み合っている．これまでの議論を踏まえると，この理論の偶有性は科学としては大きなデメリットである．他方で，推論の偶有性を一定程度許容することで，特定の環境において知的活動の範囲が広がるというメリットもある．この点は後で振り返る．

演繹的推論の長所はほかにもある．それは，真理保存的でありつつも，前提から引き出される結論が必ずしも直感・常識とは一致しない，ということである．ゲーム理論にはしばしばこの機能が期待される(個々の合理的選択と全体の合理性の齟齬)．あるいは前提とメインの結論の繋がり方は(演繹手続きを踏まないでも)予想できるものであったとしても，その理論から派生するさまざまな理論(デリベーション)が豊かであれば，経験的検証との連携で追加的知見が期待できる(理論の仮説構築機能)．

演繹的推論における偶有性の排除以外のこういった機能は，理論

モデルが現実とはいったん距離をとることによって可能になる．前提を置いてしまえば，結論に至る推論に登場する要素について，現実との対応関係を逐一問う必要はない．理論と観察結果(現実)をそのつど対応させて理論を修正するといった作業をすれば，どうしても偶有性が入り込み，理論の一貫性が毀損されるという理由で現実からいったんは距離をとるわけであるが，あえて現実と距離をとることで，現実に絡め取られない演繹的推論のメリットを活かせる，という側面もある．

　ひとつ例を示しておこう．「家族」は社会学と経済学の両方で研究対象となっている．世代間関係に限ってみても，社会学では「夫婦において，夫方の親との関係と妻方の親との関係のあいだには，父系規範に起因する非対称性があるのではないか(夫方の親との関係が重視されるのではないか，資源のやりとりも夫方の親との間でより顕著なのではないか)」といった問いが経験的に取り組まれるのに対して，経済学では理論的・演繹的な考察もなされている．たとえば経済学者アレッサンドロ・シグノーの世代間での資源フローモデル(Cigno 1991＝1997，第 9 章)においては，個人の効用を若年期(親から扶養される)，中年期(所得を得つつ若年期と高齢期を扶養する)，高齢期(中年期から扶養される)の 3 つに分けたうえで，所得の移転を定義する．その際，移転関係が時間差で(貸し借りとして)生じるので，利子率が定義される．具体的には，中年期の所得が予算制約になり，予算制約線が利子率に応じて変化する最適化問題が設定される．こういった前提から演繹的推論を経て，特定の利子率がパレート最適として，つまり「他の世代の厚生を悪化させることなしにある世代を改善できる——若年者や高齢者を扶養する——別の手法を編み出すことはできない」(同，136)状態として帰結することが示さ

れるのである.

ここから強めの含意を引き出せるとすれば,「諸前提を受け入れるのならば,当事者(親と子)が交渉する余地のない状態がある」ということがそれに当たるだろう.この推論はおそらく直感的には引き出されない.また,最適解が存在しているのに世代間の交渉が生じているとすれば,それはなぜかという派生的問題を引き出せるかもしれない.

個々の前提や推論過程に含まれる要因(効用関数に含まれる3つの項,利子率など)の選択やモデル構築は,それぞれを取り出してみれば,偶有性にさらされうるものである.比較福祉制度論の研究者からすれば,資本市場のみを行動環境として想定し,世代間の所得移転に大きく影響する公的社会保障(特に年金制度)のパラメータを最初から投入しないことに対する違和感は強いだろう.歴史研究者からすれば,世代間所得移転は家経済から雇用経済への移行と不可分である.そして家族社会学者にとってみれば,世代間関係が絶えず変化する人口学的パラメータ[4)]によってまったく異なってくることは自明である.しかし社会保障体制や人口動向といった異質性・変化に富んだパラメータは,あまりたくさん入れてしまうと最適化問題が設定できなくなり,演繹的推論の切れ味を鈍くしてしまう.「切り捨ててこそ浮かぶ瀬もある」のが演繹的な経済学理論の妙味

---

4) 計量分析において「人口学的(demographic)」という特性は,個人水準においては性別,年代,学歴,職業など,個人内で比較的不変である要因の特徴として考えられている.社会全体で見たときは,高齢化や学歴構成など,個人の人口学的な特徴の構成が,社会の人口学的特性としてとらえられる.単純な例を挙げると,合計特殊出生率が3を超えるほど高く(したがって老親を同居して扶養する子の割合が小さく),またゼロ歳児平均余命が50歳という人口学的条件の社会においては,長期の老親扶養はそれほど大きな問題にならない.

Thus total demand $D(p, \mu)$ is

$$D(p, \mu) = (Y_2 + Y_1)/p \qquad \text{if } p < \mu$$
$$D(p, \mu) = Y_2/p \qquad \text{if } \mu < p < 3\mu/2$$
$$D(p, \mu) = 0 \qquad \text{if } p > 3\mu/2.$$

図 1.1　アカロフのレモン市場論文における数式

なのである．

　他方で，経済学の理論における数式の利用の必然性がどの程度な
のかは，ケース・バイ・ケースであろう．有名なアカロフのレモン
市場論文(Akerlof 1970)においては，**図 1.1** のようなシンプルな数
式が用いられている．推論の目的は，非対称情報下において取引が
萎縮することを示すことである[5]．同等の機能をもたせた演繹的推
論が自然言語で不可能かと言われれば，おそらく可能であろう．

　以上のように，経済学の理論が数式あるいは強い意味での演繹的
推論にどれくらい依存しているのかは場合によるのだが，それでも
社会学における理論よりもずっと「科学志向」であることには間違
いがない．

　偶有的な運用を許す自然言語，日常概念による推論を排除するこ
とは，現実に存在する重要なパラメータを考慮しないという犠牲を
払う対価として，直感的には導くことができない結論を引き出すメ
リットがあるのであるが，この「発見」の意義が犠牲の大きさに見
合うものであるのかどうかは，個々の研究によって評価が分かれる

---

5)「レモン」とは欠陥のある車を指している．中古車に含まれているレモン
については，中古車を販売する業者側はそれを知っていても，購買者にはどの車
にどのような欠陥があるのかはなかなかわからない．これが情報の非対称性であ
る．これを放置しておくと，購買者側は高価格の中古車を買うことを回避し，結
果的に低価格の中古車のみが売り出されることになり，中古車市場が萎縮してし
まう．

はずだ．少なくとも，演繹的推論の知見の意義が常に上回る，と言い切ることは難しいだろう．

3　社会理論と学説

　最初に述べたが，社会学の特徴は，知的活動に占める演繹的推論の割合が低いこと，そして経験研究における数量データのプレゼンスが相対的に低いこと，そして計量研究における因果推論のプレゼンスもやはり相対的に低いこと，にあった．本章の以降の部分では，このうち最初の「知的活動に占める演繹的推論の割合が低い」という論点をさらにつきつめてみる．

　まずは関心を呼び覚ます意味で，あるエピソードから紹介しよう．

　研究者ならば，自分が主に活動をしている学会をひとつ，あるいはいくつか持っているであろう．その学会がその研究者にとっての「ホーム」である．逆に自分の馴染みの薄い，あるいは知り合いが少ない学会は「アウェイ」である．

　筆者のホーム学会は，数理社会学会と家族社会学会である．私自身は「数理社会学者」というわけではなく，あえていえば「計量社会学者」である．ただ，学会で数理社会学者と接する機会はそれなりにある．そこで，ある数理社会学者が苦言を発するのを聞いたことがある．社会学の「理論」は理論ではない，というものだ．

　この主張は十分に意味が通じる．ではどのような意味で社会学の理論は「理論ではない」のだろうか．順に説明していこう．

　社会学において「理論」研究と呼ばれるものは，大きく分けて3つある．ひとつは社会理論研究，つぎに学説研究，最後に「中範囲の理論」と呼ばれる，実証を念頭に置いた理論仮説の研究である．

　簡単に説明しておくと，社会理論(social theory)とは，個々の社会学理論(sociological theories)とは異なり，社会の存立や変動に関するトータルな見方を提供する理論体系である．社会学で論じられてきたものとしては，マルクス主義(史的唯物論)，構造機能主義，社会システム論などがそれにあたる．

　学説は理論と類似した言葉であるが[6]，社会学の場合の学説研究といえば，古典となっている代表的な社会学者の仕事を解釈することがメインである．多くの場合，学説研究はその学説を唱えた特定の人物(たとえばカール・マルクスやマックス・ウェーバー)を単位として行われる．その人物が社会理論を提起している場合，学説研究は社会理論の解釈を行う研究になる．

　社会理論研究と学説研究は，どちらも経験的検証を基本的には想定していないという点において共通している．競合する理論あるいは学説がある場合も，多くの場合には経験的検証で白黒をつけるのではなく，また演繹的推論で判断するわけでもなく，偶有性を許容する解釈的作業で対応される．これに対して「中範囲の理論(middle-range theory)」は，経験的検証を念頭に置いて示される理論仮説であり，経済学などの隣接分野における理論概念に近い[7]．

　まずは社会理論並びに学説研究について具体例を交えて見てみよう．体系的かつ包括的な社会理論といえば，マルクス，フリードリヒ・エンゲルスの唯物論が想起されるかもしれないが，社会学に

---

　6)　学説でも理論でも，どちらにも対応する英語の単語は theory である．学説には doctrine という意味も含まれることがあるが，社会学の学説についてdoctrine という言葉が使われることはあまりない．
　7)　中範囲の理論という概念を提起したのは，社会学者のロバート・マートンである(Merton 1957＝1961, 39).

おいて最初に支配的な地位を獲得した社会理論はおそらくタルコット・パーソンズの「構造機能主義」理論である[8]．構造機能主義理論は複雑で思弁的な体系だが，その部分である社会システムの理論においては，社会システムが社会の様々な下位領域(経済や政治など)から構成されるという「全体-部分」の枠組みを採用している．

　経済学における類似の理論体系にはたとえば厚生経済学の「第一基本定理」があるだろう．この定理が「一定の前提のもとでパレート効率的配分が実現することを証明する演繹体系」であるのに対して，社会理論は社会の構造と変動，あるいは諸部分の相互関係を包括的に説明することを目指した理論である．社会理論の妥当性に応じて，それは社会変動の方向性を予測できる．たとえばパーソンズの構造機能分析は，社会全体の機能の観点から，核家族以外の親族(世帯)形態がその他の構造(社会領域，たとえば経済)と両立しないことを「予測」できる，という想定でなされる．

　ここで強調しておきたいことは，社会理論は，理論パートとそこから導出される仮説の経験的検証という流れに即した標準科学的な営みに組み込まれたものではない，ということだ．というのは，社会理論は基本的に非演繹的な理論体系であり，理論の展開はたびたび経験的な出来事を参照しながら行われるからだ．パーソンズの構造機能分析でなくとも，史的唯物論にせよニクラス・ルーマンのシステム論にせよ，理論展開の「ガイド」として——演繹的推論にとっては偶有性をもたらすノイズとなる——経験的事象や一般概念

---

8)　1973 年に直井は次のように書いている．「〔構造機能分析は〕単独で，現代社会学における通常科学の地位を占めるに至った」(直井 1973, 32)．ただ，10 年ほど後に直井は論調を転換し，「構造-機能分析が今日深刻なデッドロックに乗り上げ」たと書いている(直井 1984, 20)．

をたびたび引き入れている点では同じである．これは，数式などの「演繹力」の高い道具を使っていない以上，当然の特性である．同時に，理論展開と検証とが分かれている標準科学の作法からは外れている．

　厚生経済学における基本定理は，少なくともその推論プロセスの妥当性に経験的事実が影響することはない．また，科学的手続きとして認められている仮説演繹法だと，理論から演繹的に予測される仮説（予測）が経験的に検証される．しかし社会理論はそういったものではない．

　それでも構造機能主義理論には，その体系性と抽象度の高さからか，社会学に標準科学的色合いをもたらすものだという期待がなされていた．しかし最も科学的だと期待されていた社会理論が，その実標準的な基準からすれば理論とはいえないものであったことは，直井（1984）によって鋭く指摘された．直井は，パーソンズの構造機能分析が，その実「完全理論」と「経験的理論」の二兎を追っていると指摘している（直井 1984, 21-22）．つまり，そこでは理論と経験的事象が反照しあっている（相互規定的で循環している）のであり，科学的な理論と実証の棲み分けができていない，と指摘したのである．直井は，パーソンズ理論における「近代的産業構造」と「核家族化」の構造的両立性の例をとりあげ，その説明は「すべて同義語反復にすぎず，説明とよぶことはできない」と述べている（直井 1984, 25）．

　パーソンズの社会理論において経験的事象は，検証のためではなく，非演繹的理論をガイド・拘束するために「参照」されたり，あるいは抽象的表現をわかりやすく伝えるために挿話的に利用されたりする．理論的考察と経験的考察の混合，前者の展開における後者

の「参照」(経験的データによる理論の「検証」ではなく)というこの特性は，ギデンズの構造化理論，ルーマンの社会システム論などの他の代表的社会理論においてもあてはまる．

次に学説研究である．学説研究は主に社会理論および古典となっている社会学およびその隣接領域の研究の解釈から成り立っている．この解釈作業を，社会学では「理論研究」と呼ぶことが多い．たとえば日本社会学理論学会が発行する学会誌である『現代社会学理論研究』の第 2 号(2008 年発行)では，投稿論文が 9 本掲載されているが，これらの論文には数式あるいはそれに類する演繹的推論はひとつも登場しない．そのかわりに，人名が多めに出てくる(タイトルだけみると 5 名分)．要するに，理論研究のジャーナルに掲載されている論文には，理論構築というよりは，特定人物の学説の解釈を取り扱っている論文が多いのである．これは同誌の他の巻でも同様である．他分野の研究者がこれらの論文のタイトルを眺めて「理論」という概念を想起するかどうかは微妙なところであろう．

もちろんこれらの学説研究論文を読みこなすにはそれなりの訓練が必要である．関連文献の膨大な読み込みをしていなければ，論文の妥当な評価を下すことは難しい．解釈が非演繹的推論に負っているからといって，まったく恣意的に論が展開できるわけではない．演繹とは別の推論の拘束性がかかるからである．演繹的推論が少ないことは，どんな自由な論述でも可能だ，ということを意味しない．

たとえば先の『現代社会学理論研究』第 2 号に収録されている論文(「社会秩序の時間的構成によせて——社会システムの時間論序説」(多田 2008))だが，参考文献一覧には 32 個の文献が並び，そのなかにはパーソンズやルーマンといった社会学者の大著もたくさん混ざっ

ている．論文は，これらの文献を読みこなす膨大な時間の蓄積の結果として書かれており，その意味では数多くの文献が論文の立論を緩やかにではあるがガイドしている．

　経済学の論文でも，実証研究となると数十個のリファレンスが並ぶことがあるが，そのほとんどは論文，しかも同分野の実証研究の論文である．理論研究となるともうちょっと少なくなるだろう．社会学の学説研究の場合，哲学領域の文献（英語以外の物が多い）が参照されることも多く，背景となる知識に理解を及ぼすことは短い時間では難しい．議論の前提となる知識が果たす役割が，論文で展開される議論と同様に重要になる．

　ともあれ，社会学における学説研究は，さまざまな文献の「参照関係」のなかに成立する，解釈学的なプロセスである．社会理論においては，理論のプロセスが経験的現象を参照しつつ構築されていたが，学説では言説どうしの参照関係が目立つといえるだろう．

4　学説と「緩い」説明体系

　「参照」を軸として議論が進められるというスタイル自体が，諸前提よりもそれを受けて展開される推論過程に重きを置く演繹的推論からの距離を表している．参照する資料の範囲が広ければ，それだけ解釈に偶有性が入り込む余地も大きくなる．解釈の偶有性とは，たとえばある学説から推論を展開するとき，研究者によって読み込む箇所にクセ（バイアス）が生じたり，膨大なボリュームの文献のどこを出発点とするかによって結論にブレが生じることもある，ということだ．

　多少長くなるが，ひとつ例を挙げておこう．イギリスの社会学者アンソニー・ギデンズは，近代化に関して「再帰的近代化（reflexive modernization)論」という，ある程度まとまりのある学説を展開した(Giddens 1990=1993)．再帰的近代化論とは，ギデンズの社会理論である「構造化理論(structuration theory)」を近代化に適用した学説である．構造化理論においては，主体的な行為は構造を前提とし，かつ構造は主体的行為の反復によって再生産される，という見方がとられる[9]．

　たとえば個々の経済活動(行為)は，コミュニケーションを可能にする自然言語規則(構造)によって可能になり，かつ個々の経済活動によって自然言語規則は再生産される．しかし経済活動の目的は自然言語規則の保存にあるわけではない．つまり自然言語規則の維持は経済活動の「意図せざる結果」である．行為と構造が互いに依存しているこのような状況が再帰性である．

　多数の規則構造や資源配分が，それを土台として使う行為の意図せざる結果として再生産されるが，これを改変する認識力と権力を持っている層を中心に，構造は変革されうる．たとえば社会を「大衆社会」として理解する知的体制(大衆社会論)は，それがなければ生じ得なかったであろう支配・管理システムを発達させるかもしれない．不況という経済現象を観察してそこから構築された「マクロ

---

　9)　構造化や再帰性は本書の他の箇所で，社会科学の役割を考えるうえでの重要なキーワードにもなるので，その考え方の重要性は強調しておきたい．「対象の認識が対象を作り変える」という事態について，哲学者のイアン・ハッキングは類似の現象を「ループ効果(looping effects)」と名付けている．「今日の人間に関わる因果プロセスは，分類，計量化，そして介入に関心を持つ近代社会科学が生み出した「人間種(human kinds)」の概念に決定的に依拠している．児童虐待，同性愛，十代の妊娠，多重人格などは，こういった近年確立された人間種の例である．人間種と「自然種(natural kinds)」を区別するのは，人間種が特定のループ効果を持つ点にある．社会科学者の分類によって生み出されることで，人間種は分類された人々を変えていくのである」(Hacking 1996, 1).

経済学」から引き出された知見は，中央銀行制度や IMF 体制などのかたちで，当の対象の土台を形成する．こうして，観察と分析は対象そのものを作り変えていく．知識と構造の再帰的関係は，知識を伝統に縛り付ける宗教的権威の失墜，近代におけるモニタリング(調査・観察)およびコミュニケーション技術の発達，観察と介入のエンジンとして高度に発達した行政システム等により，強度を増していく．

　観察と観察対象の再帰的関係は，本書でいう「非サイエンス的」知識のあり方にとっても重要な論点なのだが，ここでは別のところ(社会理論や学説としての特徴)に注目してみよう．再帰的近代化論のような近代社会のあり方の「記述」は，相当な解釈の幅を許容する，偶有的なものだ[10]．ギデンズが再帰的近代化について論じた主要文献には，明確に演繹的と捉えられる論理展開はみあたらず，したがってそこから派生しうる論述を拘束する装置も弱い．結果的にこのような論述は，実に多様な言説と観察に結びついていく．

　たとえば，ある論者は近代的主体の認識・行動力に注目し，再帰的プロセスにおける主体の機能に格差があることを問題視するかもしれない．そこからさらに，ギデンズが「楽観的」であるとして批判を加えることもありうる．「誰もが構造とその問題を認識して主体的に行動できるわけではない」というわけである．ギデンズは，再帰性が個人水準で現れる場合を「自己の再帰的プロジェクト」と名付けているが(Giddens 1991＝2005)，認識と主体的行為によって自己を変えることができるのは一部の特権者だ，という見方(観察)を示すことは可能だろう．

---

10)　これについては，Giddens(1991＝2021)の「解題」を参照してほしい．

　他方で，ギデンズは主体の認識力と「変わる力」を重視しなかっ
たという正反対の見方を引き出すことも可能である．というのも，
ギデンズは再帰的近代化について論じるなかで，行為の基盤が不
安定化するなかでの人々の不安感情に注目したからである[11]．す
なわち，社会や生活の基盤が観察と解釈によってどこまでも疑われ
てしまう状況があるので，どこかに安心できる基盤がないといけな
い，という議論にもつながるからである．

　これは「再帰的近代化」学説の内的な矛盾というよりは，非演繹
的説明体系の偶有性(緩さ)に起因する当然の展開である．ある意味
では，「認識力・行動力に格差がある」という観察と，「行為の不安
定性の増加というネガティブな変化がある」という観察は，単一の
見方，すなわち「行為(認識)と構造の往還・相互規定性という単一
の説明枠組み」から派生できるものであるから，推論におけるアブ
ダクションの基準を採用すれば，それらを矛盾なく説明できる構造
化理論あるいは再帰的近代化論は「優れている」とさえ評価できる
かもしれない．

　ただ逆に言えば，再帰的近代化論は包括的すぎて事象の仕分けに
は使いにくい，という側面もある．非演繹的推論である分だけ，多
様な解釈を派生させるからである．経験的な文脈では，検証(反証)
可能性の問題もある．カール・ポパーの言葉を使えば，包括的社会
理論は反証可能性の余地をあまり残していないのである．学説から
派生する個々の議論については反証できても，本体の学説は無傷な

---

　11)　こういった見方は，ギデンズも依拠する社会学者リチャード・セネット
の考え方に典型的にみることができる．Sennett(1998＝1999)など参照．ギデン
ズ自身もその後の再帰的近代化についての論考で，「保守的」ともとれる論述
を展開している(Beck et al. 1994＝1997).

ままという問題は，科学哲学においてもしばしば論じられる難点である．「特定の基準で反証できる」命題あるいは命題の体系のみが科学的なものだとすれば，社会学の包括的学説は，他分野のそれと比べてもその基準を満たしにくい．

　こういった「緩い」説明体系には，それなりの効能もあるだろうが，少なくとも再帰的近代化論に絡むさまざまな社会学における言説は，部分的にでも演繹的推論によって整理できるような状態とは程遠い．せいぜい機能している，つまり解釈の幅を制限しているのは，上記のようなアブダクションや，アナロジーといった緩い推論である[12]．

　もちろん学説研究でも，やりようによっては演繹的推論を含む理論研究として展開しうる[13]．しかし，マックス・ウェーバーといった特定の「大家」のテキストを解釈する作業(たとえば「ウェーバーの真意はここにあったはずだ」)を「理論研究」というのなら，他分野で想定されている理論の概念とはやはり大きく異なるだろう．理論の概念を多数決で決めることには無理があるが，あきらかに学説(解釈)研究を理論研究と呼ぶことは分が悪いと言わざるを得ない．この点においては，先の数理社会学者の主張(「社会学の理論は理論で

---

　12)　「推論」から離れてもう少し全体的に「説明」について考えてみても，注8)で引用した直井は，「社会学のように理論システムが未熟な科学においては，〔カール・ヘンペルの DN モデルのような〕単純なモデルでも，その条件を満たすことは，きわめて困難である」と述べている(直井 1984, 24)．直井は，もともとは構造機能分析によって社会学を通常科学として整備できるという志を抱いていたゆえに，よくよく考察してみれば実際にはそのことが難しかった，という実感を強く持ったのであろう．

　13)　一例として，高坂(2000)，三隅(2004)など．ただしこれらは，大家の古典の理論体系に演繹的モデルをあてはめているのであって，そこに整然とした理論体系があることを確かめたわけではない．

はない」)は筋が通っている．特定の人物の学説を検討すること自体
を理論研究と呼ぶのならば，それは理論という言葉の望ましくない
「概念拡張(concept stretching)」である．

5 経験に開かれた理論

　先の数理社会学者の違和感は，社会理論や学説といったかたちで
一定のまとまりのある言説群から離れて，経験的検証に使われるこ
とを念頭に置いた「理論」にも及ぶ．数理社会学者ならば，社会学
で検証されている諸理論を「理論」と呼ぶことにも抵抗を感じるか
もしれない．というのは，多くの場合それらにも演繹的考察が欠け
ているからである．

　社会学の伝統では，検証に使われる理論は，すでに触れたよう
に，マートンにならってしばしば「中範囲の理論」と呼ばれる．こ
れは，社会理論と区別して理論を位置づけようとする社会学独特の
呼び名である．社会理論は包括的な社会体系の枠組みであるが，包
括的すぎて経験的検証には使えない．中範囲の理論には，「経験的
検証に開かれている」という意味が込められている．

　これはむしろ通常科学における理論概念に近い．経済学や心理学
と同様，社会学にもそういった理論が多数存在する．したがって，
数理社会学者が「理論とは数理モデルなどの演繹的推論を含むもの
であるべきだ」「そういった推論を含まないものは理論に値しない」
と考えているのならば，その批判は隣接領域の学問にも及ぶだろ
う．というのは，心理学では，実証研究において演繹的推論を含ま
ない仮説がいきなり提示されることは珍しくないからだ．経済学で
も，政策効果の推定におけるように，理論的考察を含まずに仮説が
検証にかけられることはむしろ普通にある．

　ただ，ここには次につながる重要な論点が含まれている．社会学の経験的研究における理論は，それでも隣接分野のそれとは少し違う性質があるからだ．

　その特性について，3つの具体例をあげながら推論をしてみたい．

　最初の例は「心理」である．現在はどちらかといえば下火であるが，社会学には「社会的性格」論という分野がある．その代表はデイヴィッド・リースマンである．リースマンは，その代表作『孤独な群衆』(Riesman et al. 1950=1964)において，人々の社会的性格は伝統指向型，内部指向型，他人指向型へと変化すると論じている．個々の性格型について詳しく論じることはしないが，ここで肝心なことは，リースマンがこういった性格の変化を論じるとき，社会の異質性[14]を議論に持ち込むことである．具体的には，マスメディア，大衆消費社会，中産階級といった歴史的な文脈に照らして社会的性格の変化が説明される．たとえばマスメディアの普及は，他人の動向(特に消費動向)を気にする不安な心理状態を誘発し，それが他人志向型の人間を増やす．「異質な環境に置かれれば異質な性格を持った人間ができあがる」という論じ方である．

　これに対して性格を取り扱う隣接分野である心理学では，個体(人間)の同質性を想定した理論を構築する．「いつでもどこでも同じ類型がある」とまでは言わないかもしれないが，立論において社

---

　14)　本書ではこの「異質性」という言葉が頻出する．統計学で異質性(heterogeneity)というときは，処置群と統制群が同質(homogeneous)ではない，処置に対して同一の効果を期待できない，といった意味である．ここではもう少し広い意味で，多様性があること，変化が目立つこと，といったことを指している．

会学における社会的性格の理論に登場するような歴史的・地域的に特殊な概念はほとんど登場しない．その分，精神医学や実験と相性が良い．

「性格」論には入らないだろうが，同質性の尊重は，心理学と経済学の協働，具体的には行動経済学(behavioral economics)という分野の確立に典型的に現れている．ミクロ経済学では，理論構築において「効用を最大化しようとふるまう個人」を想定する．心理学も，ふるまいや思考の一定の傾向性をある程度人間に共通するものとして考える．だからこそ，実験することが，理論や仮説の検証方法として許容かつ推奨される．「人間は合理的にふるまうとは限らない」という行動経済学の実証研究は，「どういった心理バイアスが〈共通して〉観察されるか」という探究に向かうのであって，ふるまい方を具体的・異質的な社会的文脈から説明する方向には向かわない．人間の性向が時代や地域の偶有性に応じて異質なものになるのではなく，時代や地域を通じて「同質的に非合理」でありうると考えられているかぎり，これを社会的文脈の語彙から説明しようという流れは生まれにくい．個人と(具体的)社会状況との反照関係は理論的推論過程において切断されている．

以上から，性格理論において想定される個体やその環境が，社会学では異質であり，経済学や心理学では同質である(あるいはそのように想定される)ということが示唆される．

次の例では，性格から行動に焦点を移してみよう．とりあげるのは「未婚化」である．アメリカの研究と日本の研究における社会学の理論を考察する．

まずはアメリカだが，アメリカの社会学における未婚化(結婚タイミングの遅延)研究は，経済学者ゲーリー・ベッカーの結婚理論

(Becker 1973, 1974)と対峙するかたちで進んだ．最も体系的に考察された理論のひとつが，ヴァレリー・K・オッペンハイマーの理論である(Oppenheimer 1988)．

　ベッカーの結婚理論から演繹される未婚化の説明は，女性の労働力参加が，性別分業を通じた結婚の利得を低下させる(Becker 1973, 828)，というものだった．男女間に賃金格差がある状況において，結婚による世帯形成は，男性の家庭外労働と女性の家庭内生産の専門的分業によって効用が最大化するため，女性が外部労働に従事するようになるという外生変化が生じると，結婚のメリットが小さくなり未婚化が生じる，という説明である．

　これに対してオッペンハイマーが注目したのは，仕事への移行(transition-to-work)，しかも雇用の不安定化という特殊社会的＝偶有的な変化である．産業の高度化によって，安定した雇用への移行が遅れているのが，未婚化の主因であるというのが簡単な説明だ．ここから引き出される知見は，ひとつには，安定した雇用への移行の遅延は女性においても同様に生じるため，女性の労働力参加自体は積極的に未婚化を説明しない，ということである．さらに，女性が労働力参加を通じて安定した所得を得ることは，一部の結婚の喪失にはつながるかもしれないが，条件の良いマッチングを可能にする分，結婚の利得を全体的に引き下げることはない，という見方(Oppenheimer 1988, 587)を引き出すことができる．

　これら2つの理論は，単に「未婚化についての2つの異なった理論」というだけではない．これらを対照させることで，特徴的な違いが見えてくる．一見して分かるのは，理論の展開(推論)においてベッカーが演繹的推論(数式によるフォーマライゼーション)を多用するのに対して，オッペンハイマーは一切数式を用いていないこと

である．オッペンハイマーの推論展開をガイドするのは，別様の展開の余地が少ない演繹的推論ではなく，断片的に参照される記述統計データ(たとえば「新婦の結婚年齢と夫婦の年齢差との関係」を示すグラフ)，参照文献が示す知見，そして概念の連関性(自然言語における意味的に理解可能なつながり)である．

　断片的な記述統計，文献資料，そして(演繹的なつながりに乏しい)概念連関に推論をガイドさせることは，すでにみてきた社会理論に限らず，社会学の理論構築では広く見られる手法である．これは非演繹的推論であるため，推論の内部で偶有性が多々あり，「再現性」が低くなる．つまり同じような材料から，人によっては多少異なった結論を導くこともあるだろう．他方で，その時代・社会の情報を幅広く参照する分，そこで生じている現象の記述としては妥当なものになりやすい．先に世代間所得移転の経済理論を紹介した際に触れたが，多種多様な関連要因を切り捨てることで，はじめて演繹的推論は有用性を獲得する．パラメータを増やすことは，機械学習における過剰適応モデルと同じで，モデルのメリットを損なわせる．

　社会に埋め込まれた断片的情報や常識的判断に依拠した概念連関に拘束されつつ，緩い推論を展開する非演繹的な理論進行は，演繹モデルのメリットを捨て，対象の側から情報を適宜受け取ることで，最初から理論の外的妥当性を高めようとする戦略である．実際，アメリカの未婚化はオッペンハイマーの緩い理論が示唆する方向に進んだ．たとえば，ベッカーのモデルからは「高学歴女性の方が早く結婚する」という帰結を導くことができないが，実際にはこの傾向が生じている．「不安定化する雇用」という時代・社会に固有な背景において，男性でも女性でも稼得力の高さが世帯形成にプラスに作用した可能性が示唆されている(Ono 2003)．オッペンハイ

マーは 2009 年に逝去したが，その際に彼女の最大の業績として，ベッカーの結婚理論の「脱神話化(debunking)」があったと語られた．

　もちろん，全体的な流れとしては，ベッカーが理論的に予測した方向性を，オッペンハイマーの考察から引き出された仮説が「棄却」したわけであるから，脱神話化という表現には誇張もあるのだろう．ただ，ここでは次のことに注目しておきたい．それは，実証的に分があったのはオッペンハイマー理論であるが，現代科学の判定基準——たとえば反証可能性——からすれば，優れているのは明らかにベッカーの理論である，ということだ．社会学の非演繹的理論は，すでにみてきた社会理論や学説が抱える難点をある程度引き継いでいる．理論が解釈の偶有性を許容するため，そこから引き出される仮説も必ずしも一貫せず，「どうやったらはっきり否定されたことになるのか」が不明確になるからである．事実，オッペンハイマー仮説は，女性の労働力参加の未婚化への影響について，プラスとマイナスどちらの予測でも可能にする解釈の余地を残している[15]．追加するパラメータによって異なった仮説を引き出す余地が，少なくともベッカー理論よりは多く残っているのである．

　これは良く言えば「理論のポテンシャルの豊かさ」であるし，悪

---

15)　安定した職業キャリアに到達するタイミングの遅延は男女ともにみられるので，女性の労働力参加は結婚を遅らせることもありうるが，女性にとっては相手を選ぶ余地を増やすので，マッチングの質を高める(したがってサーチ期間を延ばす)，といった主張をオッペンハイマー自身は展開した．他方で，先に触れたように「高学歴女性の方がキャリアの安定が早い場合，結婚が早くなることもある」という予測を引き出すこともできる．オッペンハイマーの結婚理論は包括的であるがゆえに，反証を受け付けにくいが，他方で豊富な仮説を引き出すこともできる．

くいえば反証可能性の棄損である．社会理論の伝統のある社会学では，そこからさまざまな知見を引き出すことができる理論の包括性が，それほど忌避されないのかもしれない．サイエンスたる基準を下げて，現下の現象の説明力を高めているともいえる．

　次に日本の「未婚化」理論である．こちらは簡単にみておこう．日本の社会学における未婚化理論には，女性の経済的自立を重視する「両立困難」仮説と，男性の雇用不安定化を主導的要因とする「ミスマッチ」仮説がある．前者は，稼ぐ女性が増えるなかで，仕事と家庭の両立が難しいために結婚が減少した，とみる．後者は，女性の労働力参加とは関係なく，女性にとって「望ましい相手」である安定した雇用と所得を持つ男性の供給が減少したことがミスマッチを生じさせた，とみる．

　これらの仮説を検証した論文にはいくつかのものがあるが，いずれも「理論パート」の推論は，オッペンハイマーと同じく，断片的な統計データ，先行研究，そして概念連関(緩い論理展開)によってガイドされる．演繹的推論は使われていない[16]．これら論文の構成を大雑把にいえば，「問いの説明は長く(論文全体の 1/3 くらい)，仮説の導出は短く(その半分程度)，あとの残りは実証」くらいであり，これはよくある社会学の実証研究論文の配分である．

　性格，行動，とみてきた．次は社会変動についてみていこう．とりあげるのは，「都市化」に関する理論である．

　社会学が制度として確立していく過程を描く場合，必ず登場するのが「シカゴ学派」である．1892 年，シカゴ大学に社会学教育を行う社会学科が創設され，1895 年には現在も続く社会学の主要

---

16)　理論展開の詳細および実証研究については，筒井(2015, 41-44)を参照してほしい．

ジャーナルである *American Journal of Sociology* の発刊が開始された．社会学科には，急激な工業化と移民の流入という時代的な変化を観察する「都市研究」を行う研究者が集まっていた(中野・宝月2003)[17]．都市社会学はその後北米社会学で一大分野を確立し，ある程度まとまりのある「理論」を形成するに至った．

　そのなかでも，続く社会学研究者による経験的検証を多く引きつけたのは，「コミュニティ問題(community question)」である(Wellman 1979)．コミュニティ問題とは，「都市化が進展した場合，コミュニティ的な人間関係は変化するのか，するとすればどう変化するのか」という問いである．代表的な学説には，コミュニティ喪失論(都市化すると失われる)，コミュニティ存続論(都市化しても存続する)，コミュニティ変容論(変質して存続する)がある[18]．

　コミュニティ喪失論は，都市についてよく聞かれる一般的な考え方を反映した学説で，無秩序に変化する 19 世紀末〜20 世紀初頭のシカゴを観察した(先に触れた)シカゴ学派の研究者によって提起された．それは，「社会解体」「アノミー」といった概念と結びつき，都市化に対する一般人のネガティブなイメージを拾い上げるような学説であった．コミュニティ存続論の典型であるガンズの研究で

---

　17)　社会学におけるシカゴ学派は，経済学のシカゴ学派とは何の関連もない．社会学におけるシカゴ学派の形成は 19 世紀から始まる流れであるが，経済学のシカゴ学派は 1950 年代に作られた名称である．

　18)　「コミュニティ変容論」については「コミュニティ解放論」という言い方もあるが，ここではより包括的なカテゴリーの「変容」で分類しておく．なお，コミュニティ問題は都市社会学に限らず，欧州における社会学の確立当初からの問題関心であった．たとえば社会分業や市場経済の浸透が緊密な紐帯を弱体化させるかどうか，という問題設定は 19 世紀から取り組まれていた(Wellman 1979, 1201-1202)．

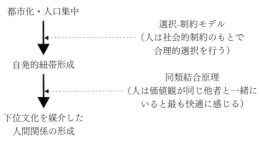

都市化・人口集中

選択-制約モデル
（人は社会的制約のもとで
合理的選択を行う）

自発的紐帯形成

同類結合原理
（人は価値観が同じ他者と一緒に
いると最も快適に感じる）

下位文化を媒介した
人間関係の形成

図 1.2　下位文化理論の論理構造

は，主に戦後のアメリカ都市のフィールドワークに基づき，都市においても農村と同様のコミュニティが存在していることが，ボストン中心部のイタリア系アメリカ人の「仲間集団社会」の観察を通じて示された(Gans 1962=2006).

　コミュニティ変容論にはいくつかのパターンがあるが，代表的なものはフィッシャーの下位文化仮説(Fischer 1982=2002)から引き出される見方である．下位文化仮説では，都市への人口集中により，非親族的紐帯の形成が容易になり，趣味的な結合など，興味関心に基づいたネットワークが形成される，という説明がなされる．下位文化理論におけるフィッシャーの推論構造について，赤枝(2013)の整理を参考にしてまとめてみよう(図1.2).

　図 1.2 の論理展開は，表面上は説明における DN モデル(演繹的法則的モデル)を連想させるものであるが，結論(下位文化を媒介した人間関係の形成)がそれ以外から「演繹」されたかといえば，そうはいえないだろう．

　さしあたり，下位文化理論は，理屈上は十分に「理解できる」ものではある．都市への人口流入により，農村では強かった血縁・地

縁等の社会的制約から人々が解放される(選択‒制約モデル)．こうして自発的な紐帯形成が主流化するが，それは趣味などの下位文化を媒介した人間関係(サークルやクラブなど)を増やす．なぜなら，人は価値観を同じくするものと一緒に過ごすことを好むだろうからである(同類結合原理)．

　ただ，推論が「意味的に理解できる」ことと，「それ以外の推論の可能性を(少なくとも推論の内部では)排する」こととのあいだには，とてつもない距離がある．たとえば「同類結合原理が下位文化集団を促す条件が都市化による人口集中にある」という理屈だが，十分に「理解」はできるものの，同じ出発点から異なった結論を導くこともできる．下位文化理論だと「人口が多い方が多様な価値観を持つ人が共在しやすく，また同じような趣向を持つ人を見つけやすい」というつながりを想定するのだろうが，他のパラメータを介入させれば反対の推論も可能である．たとえば「家業・自営業者の多い非都市部の方が趣味に時間をかける人が多いため，下位文化交流が生じやすい」というつながりを想定することも，まったくおかしなことではない．自然言語による理論は，数式展開による演繹的推論と異なり，原則的にこのようなつながりの偶有性・緩さを許容する．

　数理モデルを用いた推論も，それを使用して別様に展開させることはもちろん可能である．ただ，当初の推論自体はそれでも不変であり，理論自体のアイデンティティが保たれるため，科学的な運用(推論の再現や反証)がより容易になる．

6　演繹モデルと経験的検証のあいだにある理論

以上からわかるように，「理論は緩くてもよい，つながりの妥当

性はそのつど検証して確かめれば良い」というのが社会学である程度共有された考え方なのだ．ただ，残された論点が 2 つある．

ひとつは，さきほど置き残した論点に関係する．それは，演繹モデルを含まない仮説(これを「理論」と呼ぶのかどうかはまた別の問題である)の検証というプロセスは，社会学のみならずその他の分野の研究においてもある程度はみられる，という点である．

もうひとつは，偶有性を多く含む理論展開を採用することのメリットはあるのか，という論点である．すでにこれまでもところどころで示唆してきたが，本書では「ある」ということを主張したい．確認しておくとデメリットは明らかで，推論の再現性(解釈のブレの小ささ)と反証可能性の低下である．

理論パートにおける推論の比重が小さい論文は，すでに述べたように経済学の実証研究でもたくさんある．「理論モデル」と称して単に関連するパラメータを投入したシンプルな関数形を提示し，すぐに線形モデル(誘導形)によってデータを使った検証をする，といった論文も少なくはない．これは，推論の重点を演繹パートではなく実証パートに置く，というやり方である[19]．

先に見たオッペンハイマーの論文では，少なくとも数式を用いた演繹的推論は用いられておらず，しかも経験的検証のパートも存在

---

[19] しばしば経済学の実証研究でみられる他のパターンとして，論文の前半部の理論仮説導出においては数式を多用するが，その仮説はいったん自然言語の命題に置き直され，それが後半部で経験的に検証されるというものがある．簡単にいえば，数式もデータによる検証もあるが，そのつながりが有機的・必然的ではない，ということである．この場合，演繹プロセスは実証プロセスの方法を限定せず，かつ実証結果は仮説自体を破棄する方向に作用するため，演繹プロセスの内部的な検討には繋がりにくい．こういった論文においては，推論の焦点はやはり実証パートにあると考えるべきであろう．

しない．論文のタイトルは "A Theory of Marriage Timing" である．theory は単数形であり，諸理論のメタ分析ではなく，「結婚タイミングについてのひとつの可能な理論」の展開を意図した論文であることが示されている．

　要するに，社会学における理論的考察には，演繹的ではないが，それでも一定の厚みのあるものがよくあるのだ．経済学者が書く文章でも，モノグラフであればこういった理論的考察はいくらでもあるが，社会学ではこういった理論的考察への許容度が高いといえる．すでに述べたように，推論をガイドするのは解釈の余地が少なく再現度の高いモデルではなく，断片的データ，先行研究，(自然言語に基づいた)概念連関の緩やかな組み合わせであり，したがって「対象との結びつき」なのである．推論は，あからさまな矛盾がなく，理解可能であるという緩い制約において展開される．たとえば断片的に参照される統計データも，立論を検証(反証)するためのものではなく，「現在展開されている論述と矛盾せず，それを弱く支持する」証拠といった機能を持たされる．先にみてきた社会理論における理論的論述が経験的事象を参照し，それにガイドされることと同じである．

　こういった「緩い理論」は，社会的過程の「要約」あるいは「記述」を可能にする．たとえば世代間扶養(所得移転)を「説明」する際，社会学であれば時代的・制度的に多様な要因の組み合わせで流れを記述(再構成)しようとする．出生率(きょうだい数)，家族規範，そして公的生活保障の手厚さなどの政策の方向性といった要因が，時間的に異なったタイミングで複雑に影響する．要因が多様で絡み合い方が複雑であるほど，同じ組み合わせが生じる可能性が小さくなるため，説明されるべき事態は歴史的にオリジナルな(一回性の)

ものに近づくが，そのことで説明の価値が損なわれることはない．したがって説明の再現性が追求される度合いも小さい．

たとえば「○○年代以降の日本における世代間扶養の縮小」が，関連する要因(時代・地域特殊であってかまわない)によって理解できるかたちで説明できれば，それはひとまずは成功なのである．ここで行われていることは，現実の特性やプロセスを「写し取る」こと，つまり記述であり，また要約である．これに対してシグノーの世代(親子)間扶養のモデルは，パラメータを絞り込んだうえで，推論のブレを回避しつつ，世代間扶養の最適化解の存在を示すものであった．目的は対象の記述や要約ではない．

7　理論と実証が明確に分かれない論考

本章の目的は，社会学における理論研究の推論の特性を検討することであった．

みてきたように，社会学の理論研究には，社会理論・学説研究という，直接の経験的検証を念頭に置かないものと，経験的検証を想定して組み立てられる理論がある．経済学においてもこういった区分はあるが，異なっているのは，社会学における社会理論・学説は，ほとんどの場合，数式等を用いた演繹的推論を含まないものだ，ということだ．そのため，特定の学説についての研究は演繹的推論の拘束を受けにくく，多様な展開が生まれ，複数解釈間での矛盾はむしろ常態である．だからこそ，「理論研究」というラベルのもとで(これも演繹推論をあまり含まない)学説解釈研究の蓄積が形成されてきたのである．

経験的研究を想定した理論研究には，社会学でもそれ以外でも非演繹的な議論展開をするものがある．「非演繹的な議論展開」とは，

断片的な経験データ，関連研究，緩めの概念連関(理屈)にガイド(拘束)されながら，対象について記述あるいは要約するような考察を指している．演繹的要素に乏しいため，推論に偶有性がある．理論と仮説の結びつきも緩くなるので，反証可能性が抑制される(反証回避の余地が大きめになる)．本章ではあくまで「理論」に焦点を当ててきたためはっきりとは書かなかったが，上記のタイプの言説(たいていは一定の厚みのある文章だが)は，理論というよりも論考(discussion)あるいは論述(essay)に近いものであろう．理論における偶有性の大きさがそうさせるのであるが，理論パートと実証パートが明確に分かれていないということもある．

　「理論」というくびきを外して，こういったタイプの論考の例をみてみたい．ひとつは著名な社会学者アーヴィング・ゴフマンである．ゴフマンは人々の相互行為の分析の研究を蓄積させ，それらはいわゆる「ミクロ社会学」あるいは質的研究の古典となっている．

　ゴフマンは，相互行為を「焦点のある相互行為(focused interaction)」と「焦点のない相互行為(unfocused interaction)」に分ける．会話や討議は前者であり，エレベータでの知り合いではない人との乗り合わせは後者である．ゴフマンはそれぞれの相互行為の構造を記述するために，いくつかの「言葉」を用いている．焦点のある相互行為を特徴づけるのは「相互行為膜」である(Goffman 1961＝1985)．膜(membrane)は，相互行為空間で参照される情報や規則を絞り込み，一部の情報を相互行為空間に入れないように作用する．たとえば，会話を含めた社会的機会を構造化する際には社会的地位が関連する(地位の高い者は同程度に高い者と会う可能性が高い)にもかかわらず，社交的な会話の場面では参加者の社会的地位の情報がある程度排除され，一見すると平等な立場でやりとりが行われること

が多い．高い社会的地位を持つ経営者と，貧困にあえぐ労働者が，落とし物をめぐって街路で会話をする際，その会話に外部の資源格差が直接に影響することは通常なく，最低限の平等性を志向した一定のマナーに照らして行われることが多い．

つまりゴフマンがここで強調しているのは，（マクロに存在する）外部の構造，たとえば資源・権威の配分(人々のあいだでの格差)が，相互行為のなかに「そのまま」入ってきてそれを規定することはあまりない，ということである．将棋をするとき，自分が木製の駒，相手が金の駒を使っていても，相互行為のルール上コマの材質は「無関連」になる．これと似たようなことが，相互行為一般に広く見られる，というのがゴフマンの議論である．これをゴフマンは「無関連のルール(rules of irrelevance)」と呼ぶ．

以上のような相互行為に関する論考をゴフマンはモノグラフにして数冊分展開している．それらの業績はきわめて頻繁に参照されており，社会学のひとつの分野を形成しているといってもよい．1982 年にゴフマンはアメリカ社会学会の会長に選ばれており，その研究の価値は学会全体で一定のリスペクトを受けていたことが窺われる．

ゴフマンの論考は，学術書の体裁をとってはいるが，理論なのか実証なのかはっきりしない．いくつものオリジナル概念を作り上げているが，演繹的推論は一切展開されない．そもそも理論と実証の区別があいまいなので，仮説演繹プロセスもない．あるのは，経験的断片を例として多用するスタイルである．「自分が今言っているのは，たとえばこういうことですよ」という例示である．例示は，立論への理解を促すための資料提示にすぎず，論を支持したり反証したりするために使われるものではない．したがって，エチケット

集から架空の場面まで，きわめて雑多な「参照」のされ方をする．ゴフマンの論述のスタイルは社会学のなかでもかなり独特のものであると考えられてはいるが[20]，それでもそれが社会学のなかで受け入れられていることに違いはない．

　さて，「断片的な経験データ，関連研究，緩めの概念連関(理屈)にガイド(拘束)されながら，対象について記述あるいは要約するような考察」の別の例をあげよう．社会学では，モノグラフ研究においてこのスタイルが用いられることが多い．ゴフマンが良い例だが，このことは数量データを用いた研究においても同様にあてはまる．

　教育社会学者の吉川は，同じく教育社会学者の尾嶋が提起する「計量モノグラフ」(尾嶋 2001)という研究方針を，社会学の計量研究のなかに位置づけようとした(吉川 2003)．吉川は計量モノグラフを，数式で表現されるフォーマル理論から導出される仮説に「隷属」してそれを検証する「数理-計量社会学」と対峙させ，「当該社会のリアリティとの連携を保ちつつ記述しようとする心構え」(486)，「測定されたものごとを現実世界との対応のなかでどのように解釈し，位置づけていくかを自覚的に考え」(同)る方針として理解し，そのうえで「理念上も実態としても，数理社会学のエレガントさとは無縁の計量社会学の研究が可能であり，かつその記述の泥臭いほどのリアリティこそが重要であることを確信して疑わない」とまで論じている(488)．社会学のなかで扱われてきたさまざまな学説——吉川自身の「学歴分断社会」論(吉川 2009)もそれにあたるだろう——のほとんどが計量モノグラフによるものだ，という認識がそ

---

　20)　ゴフマンの著述のスタイルについては一定の研究の蓄積がある．J. Lofland (1980)や内田健(1995)など参照．

の確信の基底にある.

　社会学の隣接領域でも，たとえば社会保障研究や比較福祉国家研究においては，このようなモノグラフ的考察の展開が頻繁に使われる．参照頻度が非常に高いイエスタ・エスピン–アンデルセンの比較福祉国家研究をとりあげよう.

　エスピン–アンデルセンは，先進資本主義国家の社会保障体系を3つ（「3つの世界」）に分類したことで一躍知られることになった．3つの世界とは，北欧に見られる，政府による普遍主義的な福祉供給体制を持つ「社会民主主義レジーム」，アメリカが典型例で，政府による介入を抑制する「自由主義レジーム」，ドイツが典型で，男性稼ぎ手とその家族を職域別社会保険でサポートする「保守主義的レジーム」の3つである（Esping-Andersen 1990＝2001).

　エスピン–アンデルセンは，この分類の正当性を示すための推論のなかで，まさにすでに述べてきたような「ガイド」を活用する．すなわち，「断片的な経験データ，関連研究，緩めの概念連関」である．たとえば，福祉レジームの分類の基準として「商品化」と「階層化」が提示される．「商品化」とは，労働力が商品化される度合いである．失業保障や公的扶助により，有償労働に従事しない場合でも生活が保障される度合いに応じて，その社会は「脱商品化」されているとされる．「階層化」とは不平等や保障機会の不均等を指しており，たとえば（ドイツのように）職業に応じて年金や医療の保障に差がある場合，階層化されていると判断する．社会保障が充実していない場合はもちろん，社会保障が社会保険を軸にしており，かつ保険が職域ごとに分断されているような場合には，階層化が生じやすい.

　エスピン–アンデルセンが推論の材料として用いたのは，「商品

化」「階層化」に関連する指標のデータをもとにした国の分類と，それぞれの国における「政治的権力動員」の歴史的記述である．後者については，たとえばスウェーデンで社会民主主義政治が実現した要因としてエスピン–アンデルセンが注目したのは，労働者政党と農民同盟との連合形成という政治的要因であった．

　ここでも，ゴフマンの論考と同じく，理論パートと実証パートをはっきりわけることは難しい．主目的であるレジームの分類は，各種マクロ数値指標を参照されつつ形成されるが，その分類は歴史的な経緯の記述と反照的な関係を持っており（社会の記述が分類を補強し，かつ分類が記述を可能にする），後に述べるクワイン的「全体論」の様相を呈している．

　エスピン–アンデルセンが推し進めた比較福祉国家研究は，社会学や政治学，そして社会保障研究のなかでの「一大ビジネス」を生み出すが，そのなかには比較的フォーマルな論証・検証を伴う論考も現れた．ただ，そういった個々のトピックの検証の結果，比較福祉国家論が「反証」されるということはなく，「中心命題」は頑強であり続けた．

　エスピン–アンデルセンの当初の理論に大きな修正を迫ったのは，データによる反証ではなく，むしろ同じく全体論的な論考であったといえよう．当初の理論では「労働力の脱商品化」が福祉国家の分類基準として取り上げられたが，失業保障などの公的支援のみに注目が集まり，ジェンダーや家族といった要因が抜け落ちていた，というフェミニズム研究者からの指摘が続いた（Sainsbury 1994, Siaroff 1994）．言ってみれば，家族内で男性稼ぎ手に扶養されている女性は，そういった公的枠組みがなくても最初から「脱商品化」されている．したがって，脱商品化の度合いが小さいとされた

保守主義体制において，女性の脱商品化が進んでいるという矛盾が
露呈する．

　このことを比較的早期に指摘した論文(Orloff 1993)では，演繹
的モデル導出も，経験データへの参照さえも行われていない．数
多くの文献が参照されており，それを通じて比較福祉国家研究の
全体的な枠組みの変更を訴える，という体裁である．こういった
批判を受けて，エスピン–アンデルセンは自らの枠組みの更新を
行った．「家族」を比較の際の基軸パラメータに加えたのである
(Esping-Andersen 1999＝2000)．ただ，更新された枠組みは，もと
の福祉レジーム論と大きく異なってはいない．保守主義レジーム
において家族主義が目立つといった，どちらかといえばマイナーな
更新であった．

　こういった「中心命題」をめぐる議論は，しばしば「論争」とい
うかたちで注目を浴びる．論争は自然科学でもたびたび生じてきた
が，社会学や社会政策の分野で論争が生じるとすれば，それは中心
命題が比較的頑強である(あるいは明確であったり，広く受け入れられ
たりしている)ような場合である．エスピン–アンデルセンの福祉レ
ジーム論はその例であるし，ウェーバーのいわゆる「プロ倫」テー
ゼ[21]についても，「羽入・折原論争」(橋本・矢野編 2008)のように論
争が成立しやすい．逆に言えば，理論体系の「緩さ」に応じて論争
はむしろ常態化し，議論が全体として論争という体をなさないこと
にもなる．たとえばギデンズの学説については，論争が明確なかた

---

　21)　「プロ倫テーゼ」とは，ウェーバーが『プロテスタンティズムの倫理と
資本主義の精神』(Weber 1934＝2010)において提示した西欧の資本主義の発展
に関する命題で，西欧近代資本主義の発達がプロテスタンティスト市民の禁欲精
神によって促された，というものである．

ちをとりにくい.

8　線引き問題

　小括しよう. 一方の極に,「サイエンス的」な理論と検証のセットがある. それは, 演繹的な理論(モデル)による現象の予想(仮説演繹)と経験データによる検証である. 演繹的な理論は解釈の余地が小さいため, 偶有性が少ない=客観的なチェックを受けやすい. 推論に間違いがあれば, 理論は変更されなければならない. また, データによる検証が予想を支持しなければ, やはりもとの理論が反証されたと見なければならない. 客観性と反証可能性を尊重すれば, このような手続きになるだろう. 社会科学では, 経済学や心理学がこれに近いだろう.

　他方の極に,「非サイエンス的」な論述がある. 理論はたいていの場合純粋な演繹的推論を含まず, 論述は「断片的な経験データ, 関連研究, 緩めの概念連関」を参照しながら, あるいはそれに拘束されながら進行し, 理論パートと実証パートの区別は必ずしもはっきりしない. これに応じて反証基準もはっきりせず, 個々の派生的仮説の厳密な検証が理論体系に影響を及ぼさないこともよくある. 社会学や社会政策研究, 比較福祉国家論においてこういった論述がよくみられる.

　結論からすれば, 本書で筆者は後者のような論考にもメリットがある, しかも社会学のみならず社会科学的学問全体にとっても一定のメリットがあることを示したいのだが, そのための補助線として, 科学哲学上の 2 つの対立する立場を紹介したい. それは, 反証主義と認識論的全体論(あるいは「確証の全体論」)である[22].

　簡単に説明すると, 反証主義とは, 論理実証主義が提起する検証

主義と異なり，全称命題から演繹された仮説が間違っていれば全称命題も間違っているという演繹的推論に依拠して科学的命題の基準を設定しよう(科学と科学ではないものの境界を決めよう)という立場で，ポパーによって提起されたものである．少なくとも科学実践の現場では検証主義と反証主義の違いはそれほど意識されてはいないかもしれないが，それでも反証主義的な態度はある程度科学的な方針として受け入れられていると考えることができるだろう．

　これに対して認識論的全体論はW・V・O・クワインによって提起された見方で，信念・知識が相互に依存しあって「全体」を形成している，という立場を取る．ポパーの「演繹主義」，すなわち演繹を科学とそれ以外との境界設定に利用しようとする考え方はきっぱりと放棄されている．全体論においては，中心命題から検証(反証)可能な予測を引き出す際に，さまざまな前提を置くことが必要となる．そのため，予測が反証されても前提をすり替えれば中心命題は反証されないままでいることが，理屈ではどこまでも可能なのだ．反証回避の自然科学における事例はピエール・デュエムやノーウッド・R・ハンソンらが示しているが，社会科学であれば，先ほど説明したエスピン-アンデルセンの福祉レジーム論を挙げることができる．福祉レジーム論は，フェミニズムの批判を受けたとしても，「脱商品化」概念の定義を変更したり，追加でひとつパラメー

---

　22)　科学哲学の考え方については，各種入門書にほぼ共通した説明が展開されているので，ここで逐一詳しく説明することはしない．オリジナルの出典は，反証主義についてはPopper(1959＝1971-72)，全体論(ホーリズム)については Quine(1963＝1992)所収の「経験主義の2つのドグマ」である．むろんここでいう全体論は，しばしば「方法論的個人主義」の対義概念として使用される社会学の方法論的な全体主義(エミール・デュルケムの方法論に起因するとされる「客観主義」)とは異なる．

タを加えれば，その中心命題を保存できる．実際，すでに述べたように，結果的にエスピン–アンデルセンは「3つのレジーム」の枠組みを捨て去ってはいない(Esping-Andersen 1999＝2000)．

　クワインの認識論的全体論では，純粋に理論的(分析的)な命題と純粋に経験的(総合的)な命題の存在も否定される．この主張は，同じく科学哲学における「観察の理論負荷性」と関連している．観察の理論負荷性とは，デュエム(Duhem 1954＝1991)が示唆し，その後ハンソン(Hanson 1958＝1973)が提起した考え方で，シンプルに言えば「理論と観察は必ずしも独立していない」という見方である．これにより観察による仮説の反証を回避できること，したがって反証が反証として成立しない可能性が示された．

　科学哲学における全体論と理論負荷性の議論の趣旨は，既存理論の支持者が反証可能性をどこまでも回避できるので，反証可能性を科学とそれ以外の境界に設定することはできない，というものであった．この議論は2種類の方向に働きうる．ひとつは科学的ではないと考えられてきた知識の手続きを積極的に「復権」させる方向である(なぜなら「線引き」に意味がないので)．もうひとつは，反証可能性に代わる新たな科学の基準を見出そうとする方向である．反証可能性基準が当てはまらないにせよ，依然として科学と科学以外の実際上の区分があるようにみえる以上，その区分を明らかにし，かつ尊重すべきだ，ということである．これに関して先に登場した社会学者のギデンズは，次のように述べている．

　　〔デュエムらの議論から導かれる「観察の理論負荷性」が反証の回避を常に可能にすることを受けて：筆者注〕そうであるとすれば，論証の魅力と論理的力強さの多くを付与する平易さを剝奪され

てしまうため，科学哲学における反証主義を放棄して，検証と
帰納論理のもっと伝統的な枠組みに逆戻りするべきではないの
かと問うことができる．問題は複雑である．なぜなら，ポパー
の著述に示された反証という理念は，（科学哲学だけでなく，社
会哲学においても）ポパーの批判的合理主義と緊密に結びついて
いるからである．　　　　　　　　　（Giddens 1993=2000, 241）

　ポパーの批判的合理主義について踏み込むことはしないが，たし
かに「厳密に言えば全体論が妥当で反証可能性基準は科学が科学た
る特徴であるとはいえない」からといって，反証可能性基準をまる
ごと放棄してしまえば，科学は「なんでもあり」の状態になってし
まう．つまり，どんな理論仮説も反証できないことが出てくるだろ
うし，また理屈の持って行き方を変えれば，逆にどんな理論仮説も
反証できるということにもなる．
　ギデンズが留保したように，社会科学においても，クワインの認
識論的全体論にいきなりすがりつくことなく反証可能性の批判精
神（ここでは，科学とそれ以外を「線引き」する態度に反映されていると理
解する）を取り続けるべきなのか，それとも線引きは無理なのだか
ら放棄すべきなのか，という問いは十分にありうる．そもそもク
ワインの全体論の提起は，物理学のみならず外的世界一般につい
ての言明にまつわるものであった（Quine 1963=1992, 61, 丹治 1997,
102-103）．
　本書では，この問いは「それぞれの方針を取ったときに何が可能
になるのか」という問いと同時に考察されるべきだ，という立場を
取る．そしてこの問いは，自然科学と社会科学では——厳密に言え
ば，自然を対象とする研究と社会を対象とする研究では——異なっ

てくるはずだ.

9　距離化戦略と反照戦略

　経済学におけるように, 理論と実証の区分と偶有性の抑制を優先
させることのわかりやすいメリットは, それが〈原理的に〉可能であ
るかどうかとはかかわりなく(なぜなら経済学がモデルとする自然科学
においてさえこの基準では科学とそれ以外の線引きができないので), 反
証を軸として知見を蓄積・前進させることができる, という点にあ
る. 自然科学の多くが, 「境界問題」の議論動向にかかわらず, 科
学の上記のような方針にしたがって実践をしているのと同様に, 経
済学においても境界問題と研究者の研究方針は切り離すことがで
きる. 全体論や理論負荷性の語彙は, たいていの場合, 科学の標準
に従う研究者の方針を大きく転回させる力を持たない. それに, 反
証可能性を科学と非科学の境界の基準とすることは原理的に無理で
あっても, (非科学的実践とは区別される)科学的実践の「あるべき姿」
を追い求める, ポパー以後の科学哲学の流れは, ポパーの意図とそ
れほど離れたところにあるわけではない.

　本書では, これに対してむしろ全体論の特性を反映した知識のメ
リットを積極的に擁護したい[23]. このことは, 科学的な知のあり
方を「境界問題」としてではなく, 「具体的にそれによって何がで
きるのか」という観点からみていくことで可能になる. たとえば,
あくまで反証基準を強く意識しながら研究を進めるのか, それとも

---

23)　太郎丸(2006)は, 「ポスト・ポパー」の科学哲学を受けて社会学理論の
発展法を論じている. 太郎丸が依拠しているのはラリー・ラウダンの「研究伝統
論」(Laudan 1986=2009)である. ただ, 本書は社会学に特徴的な知のあり方
を論じるということが主旨なので, 目的は別である.

そうではないのかに応じて,「できる」ことに違いが出るのだろうか, という問いである.

　すでに述べてきたように, 経済学でしばしば用いられる数式を用いた理論モデルには, 推論の偶有性を排するということ以外にも, モデル化しなければ首尾よく見いだせなかった知見を導いたり, (前提が正しければ確実に起こるであろう)予測を導いたりすることができる, というメリットがある. これは, あえて対象から距離を置く=モデル化することで何かを発見しようという方策であるので, 本書では「距離化戦略」と呼んでおこう.

　これに対して, 社会学でよく見られる「断片的な経験データ, 関連研究, 緩めの概念連関をガイドとして進行する論述」は, 社会の特徴・変化の記述や要約に適している. ここでは専門家による研究は対象との回路を開いており, すぐにでも対象の側から問いや概念を「受け取る」準備がある. ここでは, 専門知が対象と積極的に距離を取り合わず, そこに依存していることを強調して, この方針を「反照戦略」と呼んでおく.

　稲葉振一郎は, 社会学が対象から学ぶ姿勢を持っていることを, やはりクワインの全体論を参照しつつ説明している(稲葉 2019). 稲葉は, 社会学における質的研究が対象から問題を受け取る(稲葉の言葉だと「対象とコミュニカティヴな関係を保つ」)という研究方針を採用することを, クワインおよびデイヴィッドソンの意味的な全体論から導かれる「方法論的全体主義」であると論じている(稲葉 2019, 133-143). 本書における反照戦略は稲葉がいう方法論的全体主義と類似の概念であるが, 知識と対象, 類型と記述といった各パートの相互依存(規定)関係を強調する意味で, 本書では反照という言葉を用いる.

それぞれの戦略がどのような場面で有効なのかについて，以下に短くまとめておく．

距離化戦略が有効になるのは，環境と個体の同質性がある程度想定できる場合である．というのは，そのような状況であれば(多様で変化しうる)前提が結論に影響する余地が小さくなり，推論における演繹部分の比重を大きくできるからである．結果的に理論の汎用性が高まり，そして理論による予測の有効性が高まる．これは反証がアドホックに回避されにくいという「科学方法上」の有効性ではなく，「実際上」の有効性の前提であることに留意されたい．同質性——科学哲学ではしばしば「斉一性(uniformity)」という言葉も用いられる——は，こうした状況が期待できる多くの自然科学分野において距離化戦略が優勢であることをも説明する[24]．さらに，介入に対しての反応を予測できるため，この立場は次章で述べる統計的因果推論とも相性が良い．

反照戦略が有効になるのは，逆に異質性が高い状況においてである．社会や個人の同質性が期待できず，それが多様な要素の絡み合いによって構成され変化していくような場合，出来事は一回性の性質を帯び，比較や変化の記述を通じた理解が優先される．この場合，多くの前提を置いて演繹的推論を行うことの有効性も小さくなる．記述は対象と距離をとらず，したがって単純化の程度も少ないので，多数の説明要素(概念でもデータでも)が複雑に立論に入り込む．ある言明は別の言明と相互依存するので，反証可能性は最初か

---

24)　逆に，自然科学でも状況の斉一性が期待しにくい気象学などにおいては，膨大なデータと AI 等を用いた，ある意味で極端な反照戦略が用いられることがある．ただ，機械学習を利用した計量モデルと，社会学の計量モデルには本質的な違いもある．関連する議論は第 2 章で論じる．

らあまり期待されないし，それにこだわると逆に説明力を減らしてしまう．

　学術的アプローチを距離化戦略と反照戦略に分けて考えるという本書の方針は，ここ30年ほどで活発になっていた，主に政治学分野での「社会科学の方法論」の議論とは一線を画す．議論の発端の一部となったキングらの論考(King et al. 1994=2004)では，「2つの研究スタイル，ひとつの推論の論理」という方針のもと，定性的研究を定量的研究，特に因果推論の枠組みに適合させることが目指された．

　　　〔定量的研究と定性的研究という〕この2つの研究の流儀は，かなり異なったもののように思われている．実際のところ，両者は時には対立しているようにもみえる．しかしながら，私たちのみるところ，両者の違いは主として研究スタイルや具体的な手法の違いに過ぎない．というのは，ひとつの基本的な論理が，両アプローチに共通の枠組みを与えているからである．この論理は，定量的な研究の方法を論じるときには，形をとって現れ，明確に数式で表わされることになる．しかしながら，同じ推論の論理は，優れた定性的研究の基礎にもなっている．そのため，定量的な研究者だけではなく定性的な研究者も，この論理を自覚して研究を設計すれば，得るところが大きいはずである．（King et al. 1994=2004, 1-2）

　この「ひとつの基本的な論理」とは，要するに因果推論である．本書は，研究アプローチを位置づけるときに，このような見方を採用しない．また，キングらのインパクトのある提言を受け，「因

果プロセス追跡」といった定量的因果推論の枠組みではとらえられない方法の特性をあきらかにしようとしたブレイディらの一連の反応(Brady & Collier 2010＝2014)や，定性的研究における(非確率論的)論理学との親和性を指摘したガーツらの議論(Goertz & Mahoney 2012＝2015)における主張とも，本書は重ならない.「距離化」と「反照」の区別は，定量と定性の区別と多くの場合一致しないからである．そもそも計量社会学では，非因果推論的な定量研究が目立つ.

　以上を念頭に置きつつ，次章では計量研究に焦点を当てて，社会学と近隣分野との違いを論じてみよう.

第2章

....

因果推論と要約
—記述のための計量モデル—

1 数量データの構造

　社会学における計量研究には，他の社会科学分野とは一線を画す一定の傾向性があり，それは第1章で規定した「反照戦略」の一環であるということを示すのが本章の目的である．このための準備作業として，まずは計量研究全体の腑分けを試みよう．

　「ベイズ主義 対 頻度主義」「自然実験 対 構造推定」といった区分にみられるように，計量研究の腑分けのやり方にもさまざまな方法がある．ここでは，「データの構造」と「分析の目的」という2つの観点から，整理を試みたい．まずは前者からである．台頭してきている機械学習などの新しい手法を視野に入れつつ計量社会学の位置づけを論じるためには，データ構造から考察をしたほうがよい．

　「データの構造」の観点では，データが何らかの規則で構造化されているかされていないのかが最初の分岐点になる．伝統的には，データといえば構造化されたデータであると考えられてきたのだが，電子化の影響で電話の通話記録やツイッターなどのテキストデータといった「非構造化データ」に注目が集まるようになり，それ

表 2.1 関係モデルによるデータの構造化の例

ID	都道府県	性　別	年　齢	…
1	北海道	男　性	28	…
2	宮城県	男　性	36	…
3	東京都	女　性	54	…
…	…	…	…	…

が逆に構造化のあり方に対する定式化や研究を引き起こしたと言えるだろう．急速に発達した「データサイエンス」，特にディープラーニングなどの手法の開発により，非構造化データを構造化する(潜在的に存在するデータの規則性を探索する)技法が注目を集めるようになった．

　他方で，少なくとも社会科学においては，実験をするのでなければ，ある程度制度化された体系的観察によるデータの構造化が現状では優勢である．典型的なデータ収集の方法は，個人単位であれば調査票(質問紙)調査によるデータ生成，マクロ単位であれば調査観察および登録情報をもとにした(統計担当者による)集計であろう．

　データを構造化する方法にもたくさんのやり方(モデル)があるが，最も普及しているのは「関係モデル」である．関係モデルは，いわゆる関係データベース(relational database)の基本となる思想だが，さしあたり二次元表(スプレッドシート)のかたちをして，ひとつの行(タプル)が関連するいくつかのデータを結びつけているような構造をしたデータであると考えておいてよい(表 2.1)[1]．社会科

1)　データを整理するモデルとして，関係モデルは最初から優位であったわけではない．関係モデル的なデータの構造化は，役人や商人が用いる台帳(ledger)において古くから見られたが，その理念は計算機科学者のエドガー・

学で取り扱うデータも，ほとんどは関係モデルで構造化されている．表計算ソフトウェアはもちろん，ほとんどの統計専用パッケージソフトウェアも，二次元データを前提として操作することが想定されている[2]．

　二次元データ以外の構造化モデルには，たとえばネットワークモデルや階層モデルがある(**図 2.1**)．関係モデルデータとこれらの形態のデータの違いは，「つながり方」に意味を持たせるのかどうかにある．ネットワークや階層においては，個体(とりあえず呼んでおく)と別の個体がどうつながっているのかが重要な情報になるが，関係モデルはそういった情報を，少なくともデータの構造自体には含まない．

　階層モデルは，ヒエラルキーの組織図が典型であることもあり，

F・コッドによって最初に体系化された．コッドは，自身が勧める関係モデルは「現在流行しているグラフあるいはネットワークモデルと比べていくつか優れている点がある」と述べている(Codd 1970, 377)．ここでコッドがネットワークモデルという言葉で指しているのは，すぐ後でみる階層型のデータ構造を指す．また，ここでいう二次元表は，いわゆるクロス集計表(分割表)とは異なるので留意してほしい．というのは，分割表では個々のデータの関係が必ずしも行単位でのみ結びついているわけではないからだ．素朴な関係モデルデータとしては，アドレス帳や，調査データにおけるローデータがわかりやすい例である．

　2) ただ(このあとで述べる)ネットワークデータは行列データを用いて記述・保存できるため，汎用ソフトウェアの下部パッケージを用いて処理することはできる．たとえば R の igraph パッケージ，Stata の nwcommands などがある．現在計量分析の世界でシェアを増やしつつある R は，行列を含めたいくつかのオブジェクトを操作することが可能であり，必ずしもソフトウェアの構造として関係モデルデータが強く想定されているわけではない．社会科学における関係モデルの優位は，(Excel といった表計算ソフトを含めた)ソフトウェア主導で進められたというよりは，後述する情報量の豊富さによって後押しされたと見るべきであろう．

図 2.1　階層モデルとネットワークモデル

組織研究において利用されることもある．社会学でいえば，ピーター・ブラウの組織研究(Blau 1970)とそれを受けた一連の研究群がある．ブラウは組織の規模と管理職の関係についての理論的考察を行った．そこでブラウは，組織規模が大きくなると管理職を置いて階層構造を作り上げる必要があるが，他方で規模の経済が働き，相対的な管理職の数は抑制されるという2つの方向の力が働くと理論的に予測した．ブラウの研究では，アメリカの職業安定所の事業所データを記述的に分析した結果，組織規模が大きくなると管理職比率は下がるが，その効果は逓減するということが示唆されている．

　こういった一連の研究で経験データを用いる場合，取り出されるパラメータは組織の人員の数と管理職の数，その比率，そして職階（ヒエラルキー階梯）の数である[3]．この数値は，組織が階層モデルで

----

　3)　ブラウ自身は上記論文において数式を用いていないが，論文は「deductive theory(演繹的理論)」から諸命題(propositions)を引き出すという典型的に科学的な体裁をとっている．ブラウの問題設定を受けて，その後ブラウが自然言語の論理で十分に展開できなかった階層パラメータ，たとえば階梯の数を組み込んだ数理モデルによる研究が展開されたが，ここでは「距離化戦略」の力が発揮されたとみるべきであろう．ブラウの組織研究の数理的表現とその関連研究の簡便な紹介については，松田・三隅(2004)を参照．

示されている場合には容易に抽出可能であるが，上記パラメータを抽出できる二次元表を作ることは非常に難しい．その理由は後述するが，簡単に言えば，二次元表では一行がひとつの観察（多くの場合個体）に割り当てられており，観察どうしの関連（つながり）はカテゴリーあるいは上位個体の情報経由で表現され，それ以外の固有の観察間連関については，記載はできるが記述・要約することが難しいことにある[4]．

　次にネットワークデータであるが，こちらは近年のネットワーク科学の隆盛もあり，階層モデルに比べて多くの研究蓄積がある．有名なのはダンカン・J・ワッツらの研究（Watts 2003=2004）だが，特に社会科学分野でよく議論されるネットワークパラメータは「スケールフリー性」「スモールワールド性」「クラスター性」の３つである．スケールフリー性とは，ウェブページのリンク構造に現れる

　4）　多少複雑な話になるが，社会調査データにおいて「クロス個体的」な関係情報を表現する場合，通常は集団カテゴリーが用いられる（世帯 ID や居住地区）．しかし集団カテゴリーではなく個体と個体の個別関係（たとえば配偶，親子，きょうだいといった家族上の関係）を含ませる場合，処理が非常に難しい．中国の大規模家族調査である Chinese Family Panel Survey（CFPS）は，世帯単位で世帯員の縦断調査を行うという挑戦的な観察デザインを採用している（Xie & Hu 2014）．しかし，CAPI（Computer-assisted personal interviewing）が採用されているのにもかかわらず，公表されているデータはカオス以外の表現を受け付けない．世帯内の関係（どの ID がどの ID とどういう関係か）を表すデータは，二次元表であるので各観察内部のデータとして格納されているが，これが対応しないこと（たとえばある観察 ID は同一世帯内の別の ID を「妻」としているのに，その ID はもとの ID を「夫」としていない，など）が多々ある．これはどちらかといえばデータクリーニングの問題だが，二次元データから個体観察間の関係情報を抽出することが難しいことが，データにおける矛盾や欠損の修正を難しくしている．CFPS の場合，縦断的に観察される出入りが加わるので，余計にデータハンドリングのスキルが必要になる．

ように，「人気のある＝つながりの多い個体がさらに追加的なつながりを獲得する」結果，個体(ノード)ごとのつながりの分布が，べき分布(非常に多数のつながりを集めるごく少数のノードと，つながりをあまりもたない大多数のノードに分かれる)になるという傾向性である．スモールワールド性とは，「知り合いの知り合いの…」といったネットワークの広がりを考慮したときに，特定の集団全体に行き渡るまでの次数の違いを意味する指標である．これが少ない場合に，そのネットワークはスモールワールド性が高い，といえる．最後のクラスター性だが，これは知り合いの重複度合いを意味している．狭い集団に人々が固まっているような場合に，クラスター性が高くなる．これらのネットワークパラメータの関係は，直感的には把握できず，またパラメータが多くなると数理モデルによっても十分に推論できないため，研究ではコンピュータ上のシミュレーションが多用される[5]．

2　関係モデルの優位性

こうしてみていくとわかるように，ネットワークモデルや階層モデルなど，「つながり方」の情報を持つデータ構造では，そこから引き出されるパラメータや記述統計のパターンは限られている．関係モデルとの差はまさにそこにある．関係モデルはデータ(観察)ご

---

[5]　ワッツらの研究はスモールワールド性とクラスター性の関係を明らかにした．スケールフリー性研究としてはバラバシが代表的である(Barabasi 2002=2002)．グラノベッターは，社会学分野でネットワークのクラスター性が転職の有利さに関係していることを示し，よく知られるようになった(Granovetter 1995=1998)．ネットワークデータから計算できるパラメータとしては，ほかにもノードの特性を表す中心性など多数のものがある．詳しくは安田(2001)，鈴木(2009)など参照．

とのつながりを表現することは苦手であるが，調査票調査における個票データに典型的に見て取れるように，関係する情報を極めて多数まとめることができる．

　二次元表を使えば，たとえば調査において 500 個の観察をすれば 500 のデータのまとまりを簡単に作ることができる．二次元表のデータサイズ(情報量)は，最もシンプルに計測するなら，縦のデータ量(「観察単位」数)と横のデータ量(「観察種類」数)をかけた数から欠測や非該当を除いたものになる[6]．観察単位数が少なくても観察種類が多ければサイズは大きくなるし(いわゆるワイドデータ)，逆に観察種類が少なくても観察単位数が多ければやはりサイズは大きくなる(ロングデータ)．

　階層モデルやネットワークモデルでも，個体の数はいくらでも増やすことができる．ブラウの古典的階層モデル研究においても，最大で 200 人を超える組織人員を抱える 1201 の組織がデータ化されていた(Blau 1970, 221)．しかし経験的なデータを集めるのはそれほど簡単ではない．ブラウが用いているのは組織の規模と管理職の人数のデータであるので，厳密には階層モデルで構造化されたものではなかった(おそらく一つの行が一つの事業所に対応した関係モデルデ

---

　6)　欠測や非該当の多さは主に調査観察のデザインに依存する．JGSS(日本版総合社会調査)などの代表的総合社会調査の場合，構造上可能になるデータの数のうち，非該当や欠測ではないものは半分程度である．ただ，非該当も欠測もいずれもデータ分析において意味を持つ．たとえば無配偶者においては結婚幸福度のデータは無観察(非該当)になるが，結婚経過年数と幸福度の関係についての統計的因果推論においてはセレクションの補正において無配偶者のデータが呼び出されることがある．相対的に不幸を経験している人が結婚から退出し非該当になっているかもしれないからである．非該当ではない欠測回答をした者の情報も，同様にバイアス補正において参照される．詳しくは高井・星野・野間(2016)などをみてほしい．

ータであろう).

　階層モデルやネットワークモデルは関係の形状のデータを必要と
するが,少なくとも伝統的な観察手法では階層データやネットワー
クデータを作成することが難しい.おそらくこの理由から,階層モ
デルによる組織研究は数理モデル上の演繹的研究が主導的になる.
ネットワーク研究においてこの役割を果たすのは,計算機上で可
能になるエージェント・ベースト・シミュレーションである.もち
ろん電子データの蓄積はこの傾向に変化をもたらす.SNS を運営
する企業は,膨大なユーザ同士のネットワークデータを所持してお
り,一部の学術組織は秘匿化されたネットワークデータを公開して
いる[7].

　他方で関係モデルデータにおいては,情報量を(観察単位ではな
く)観察の種類に応じて増やすことができる.マクロ統計において
は情報量を増やすことにはそれなりのコスト(公式の調査統計のため
の制度整備や資金)がかかるが,個人を対象とした調査観察において
は比較的容易である.非観察・欠測の増加に結びつく調査拒否を抑
制できる範囲で,調査票のページ数を増やせばよいのである.

　次節からはデータ分析の目的に論点を移す.しばしばそうされる
ように,ここでも数量データの分析目的を「記述(要約)[8]」「予測」
「因果推論」に分ける(Hernán et al. 2019, 43).このうち記述につい
てはとりあえず説明は不要であろう.データを何らかのかたち(た

---

7)　スタンフォード大学の Stanford Large Network Dataset Collection
などが代表的である.
8)　社会学の質的研究の観点から言えば,記述と要約はずいぶんと異なる概
念であろう.ここでは計量分析について考察しているので,さしあたり同じよう
なものとして論じる.

とえば平均値，クロス集計表，グラフなど)で要約し，対象の姿を写し取ろうとするのが記述である．第1章で登場したモノグラフ的なデータ利用においては，記述の手法が多用される．

　残りの予測や因果推論については，順にみていく．先に因果推論に注目してみよう．

3　自然実験の台頭

　関係モデルによって構造化されたデータを生み出す制度としては，量的調査観察が高度に発達している．このデータ生成手続きは文字通り「制度化」されており，国勢調査において典型的に見て取れるように，そこには数多くの専門知識，専門スタッフ，法制度，そして資金が恒常的に投入されている．政府統計でなくとも，アメリカの GSS (General Social Survey)，日本の SSM 調査(社会階層と社会移動全国調査)におけるように，公的資金援助を受けた継続的学術調査のスキームが存在する．インターネットを利用した低コストの調査も増えてきており，膨大な量の関係モデルデータが蓄積されてきている．

　これに対して，近年の計量分析の世界では，異なる種類のデータが注目をあびている．自然実験(natural experiment)のデータである．この動きの背景にあるのが，統計的因果推論(statistical causal inference)の議論の活性化である．

　自然実験の説明をする前に，ごく短く実験の説明をしておこう．実験にはさまざまな種類のものがあるが，共通する特徴は環境の統制(コントロール)にある．たとえば何かの原因が及ぼす効果を測定すること(因果効果の測定)が目的の場合，原因となる介入(たとえば薬品の処置)の因果効果(たとえば血圧に与える影響)を測定するために，

処置以外の血圧に影響する要因をできるだけ排除しなければならない．その際のひとつの方法が，処置する群と処置しない群(統制群)を分ける際にランダムにそれをする，というやり方である．これが無作為化(randomization)である．

　因果推論において最初に考慮すべき問題のひとつは，素朴な初期値問題である．すなわち，処置の効果を推論するうえでは，状態ではなく変化を見なければならない．もともと血圧が高い者だけが血圧を下げる薬を摂るのであるから，摂取群と非摂取群の血圧を単純に比較しても意味がない．次に，効果の個体異質性の問題がある．同じ高血圧グループでも，食事の塩分を気にかけるグループとそうではないグループでは，薬を自分の判断で摂取するかどうかによる差があるだろう．たとえば塩分を気にしている人たちが，同時に積極的に薬を欲するのかもしれないし，またその逆かもしれない．この自己判断に基づく選択行為のことを，統計学ではセルフ・セレクション(自己選択)と呼ぶ．

　初期値の問題を解決するのは，同一個体を追跡的に観察する縦断調査(パネル調査とも呼ばれる)である．しかし縦断調査データは実験ではなく「観察(observation)」に基づく自己選択データであるため，個体の異質性の問題を部分的にしか解決しない．ここに，対象者が処置を選択するのを受け身で観察するのではなく，実験主体が「介入(intervention)」として行う方法の優位性がある．介入は自己選択を無効化するからである．さらに介入する実験者によって気づかれないレベルで生じるバイアスを除去するために，念のために無作為化(無作為割付)が行われる．

　「念のために」と書いたのは，セレクションバイアスを除去するうえでは，「介入するかどうか」の方が「無作為化するかどうか」

よりも決定的に重要であるからだ．介入と無作為化の区別につい
て，ここで少し補足をしておこう．無作為化実験の初期の例として
引き合いに出されることが多い，統計学者ロナルド・フィッシャー
による有名な「Lady Tasting Tea」実験であるが，この実験を紹
介する数々の文章においても，奇妙なことに無作為化の効果がきち
んと説明されていないこともある．介入実験における無作為化は，
主に介入者の側でのバイアス生成を抑制するものであって，自己選
択に起因するバイアスの抑制のためではない．それは主に介入によ
って対応される．

　以上の理由から，介入する側の意図が無視できない場合にはこと
さら無作為化が留意されることになる．これは特に自然実験データ
の取り扱いにおいて生じる．自然実験とは，介入状態が自己選択で
はなく生じる状況を利用して因果推論を行う手続きのことである．

　例を挙げておこう．教育の経済学では，学校のクラス規模が教育
効果に与える因果的な影響の研究(学級規模効果研究)が盛んである．
ただ，教育熱心な家庭では親があえてクラス規模の小さな学区に引
っ越すなどして自己選択が働くため，調査観察データから因果効果
を測定することが難しい．この問題に対しては，伝統的には，関係
モデルデータの利点を活かして観察種類を増やし，教育効果とクラ
ス規模の両方に影響しそうな要因の変数(たとえば家庭の経済力等)を
推定モデル——典型的には回帰分析モデル——に投入することで対
応されていた．

　ところが，これだと十分に自己選択問題を解決していないのでは
ないか，という疑いが拭えない．というのは，調査によっては観察
しにくい要因があったり，未知の要因がある可能性があるからだ．
そこで注目されたのが，クラス規模が自己選択以外の要因で決定す

るような場面を見つけ出し，それを実験的状況として考える自然実験の手法である．何らかの制度変更や外生的なショックの影響で，ある学校のクラスの一部でクラス規模が急に変更になったとしよう．突発的理由で入学者が増えたため，クラスが分割されたといったケースである．分割されて規模が小さくなったクラスとそうではないクラスを選択する権利が入学者側にないとすれば，この 2 つのグループに自己選択による異質性はない．したがってその後の成績の変化を観察すれば，クラス規模の因果効果が分かる，というわけである．

　介入を意図的に行うのが社会実験である．こちらの例もあげておこう．学級規模問題が教育経済学の古典的問いであるとすれば，労働経済学では「職業訓練の効果問題」がそれにあたる．たとえば職業訓練にその後の就業率向上効果があったとしても，職業訓練を受けるかどうかが自己選択である場合，もともと働く気と能力がある人たちが訓練を受けているだけなのかもしれない．この場合，たとえ職業訓練を受けなかったとしても，そのグループは就業率が高いかもしれないのである．そこで介入実験を行い，介入者(研究者)が処置群(職業訓練を受けるグループ)と統制群(受けないグループ)を選ぶようにすれば，よりバイアスの少ない職業訓練の効果がわかる．これが社会実験である．

　格好の自然実験的状況を見つけられるかどうかは研究者のセンスや運に左右される面が大きい．こういったデメリットがありつつも，自然実験には，社会実験のようなコストが高く，また倫理的なハードルの高い研究をしなくてよいというはっきりとしたメリットがある．また，「自己選択ではない介入」がある状況を探し出すことが目的であるため，既存の調査観察データが利用できるかどうか

はケース・バイ・ケースである．調査観察において武器になってきた，統制のための豊富な要因の観察は，必ずしも必要ではない．ただ，自然実験と観察データの関係は，介入実験と観察データの関係ほどシンプルには理解できない．この点は次節で論じる．

4　自然実験における記述

さきほど，自己選択ではない介入場面をとらえようとする自然実験は，必ずしも従来型の(豊富な観察種類を含む)社会調査を必要としないと述べた．では従来型の社会調査の必要度は下がっていくのだろうか．

この問いに答えるためには，まずデータを取得する目的がどこにあるのかを理解しなければならない．自然実験の場合，いうまでもなく目的は因果推論にある．従来型の社会調査も因果推論で利用されることはあるが，計量モノグラフにおいて典型的にそうであるように，社会の多様性や変化を示すため，つまり記述と要約に用いられることも多い．

記述と因果というふうに言葉を並べると，標準的科学の手続きを尊重する立場からすれば，おなじみの「序列」に言及されることになるだろう．すなわち，「記述的研究は因果推論を含む分析的研究よりも下位に位置する」「記述は因果分析の前準備」といった考え方である．社会科学においては，記述によって違いや変化を見つけて，次に因果分析(何が違いや変化をもたらすのか)をする，という流れが「標準」だと考えられているのである．

ただ，実は記述と因果の関係はこのように捉えられるほど単純ではない．たとえば自然実験は，その前準備としてではなく，まさに論証の中核部分を構成する部分として，記述を要請することがあ

る．このことは自然実験についての方法論においてあまり触れられ
ないことであるから，ここで少し突っ込んだ説明を行う．

　自然実験が注目する「自己選択ではない介入」は，実はいたると
ころに見出すことができる．というより，そもそも自己選択ではな
いから介入なのである．実は自然実験的状況を発見しようとする試
みにおける最大の障害は，「ほとんどの介入が介入する側——たと
えば為政者——の意図的な選択になっている」ということである．
これもいってみれば当たり前で，介入するからには何らかの意図が
伴うことが普通である．つまり多くの場合，自然実験的状況の発見
で重要なのは自己選択に起因するバイアスの除去ではなく，介入者
選択に起因するバイアスの除去なのである．復習しておくと，無作
為化比較実験においては，介入によって主に対象者の自己選択に起
因するバイアスのキャンセルが，そして無作為化によって主に介入
者選択が及ぼすバイアスのキャンセルが目論まれるのであった．

　したがって無作為化ができない自然実験の可否は多くの場合，自
己選択ではない介入が生じている状況を見つけることではなく，介
入者の選択が，効果に影響する要因とは無関連に生じている状況
を見つけることができるかどうかにかかっている．介入者選択の無
作為化は介入実験であれば容易だが，観察データを用いる自然実験
では容易であるとは限らない．その理由はすでに述べたが，現実世
界における介入は，何らかの(しかも複合的な)意図を持って行われ
るのが普通であることにある．このため，場合によっては上記(介
入選択が効果に影響する要因と独立であること)の証明は詳細な「記述」
を要請する．

　ひとつ例を挙げておこう．経済学者のダロン・アセモグルらは，
新制度派経済学の古典的な問いのひとつである「制度が経済成長

に与える影響」を因果推論として証明するために，フランス革命軍によるドイツの占領という出来事を自然実験として利用した(Diamond & Robinson 2010=2018, Acemoglu et al. 2011)．このなかでアセモグルらは，フランス軍が占領して強制的に政治制度に介入し，アンシャン・レジームを廃棄したところでは，そうではないところよりも経済が成長した，ということを示そうとする．このことを証明するためにアセモグルらは，フランス軍の占領という意図的な介入が，その後の経済成長の潜在力を見越したものではない，つまり経済成長しそうな場所を選んで占領したのではないということを，歴史学の研究を資料として記述的に――言ってみれば「質的に」――示そうとしている．該当箇所を少しだけ引用しておこう．

　　ここで最初に注目すべき点は，フランスが侵略した場所は経済的な潜在能力や特徴ではなく，軍事的・地政学的重要性を考慮して選ばれたことだ．たとえばマイケル・ロウは，ナポレオンがドイツ北部に創造した衛星国のウェストファリア王国は，ドイツにおけるフランスの戦略的軍事拠点だったと考えており，ブレンダン・シムズも同じように論じている．〔中略〕そうなると，フランスはドイツに侵攻した際，経済的潜在能力を理由に侵略先を選んだという発想には，歴史的証拠による裏付けがない．(Diamond & Robinson 2010=2018, 236)

　介入者の意図に関する記述的な証拠を見出さなければならないのは，他の自然実験でも同じである．たとえばクラス規模の例であれば，何らかの外生的な要因によってクラス分割が生じた(意図的な介入としてクラス分割が決定されているわけではない)にせよ，クラス分割

を実際にどのように行うのかにおいて，介入者の意図が入り込む余地はいくらでもある．たとえば規定数を上回ったクラスを分割する際に，何らかの基準(成績等)でそれを行う，といったケースも考えられる．

　肝心なのは，自然実験における介入者，あるいはその介入を制度的にデザインした人たち，すなわち私たちの世界におけるふつうの行為者は，実験介入者と違って，無作為化する動機を持たないということである．もちろん，研究者に好都合なことに，「公平性を担保する」といった意図でくじ引き行為が使われることもあるだろう．有名なアングリストのベトナム戦争従軍者の生涯収入の研究(Angrist 1990)はこれにあてはまる．しかしクラス分割の例は違う．いくら外生的理由でクラス規模が変更になったとしても，分割の担当者が公平性その他の意図でランダムに割付を行ったのかどうか，実際の運用において交絡をもたらす意図的な選択があったかどうかは，数量的に解決できる問題ではない．すなわち，必要に応じて関係者へのヒアリング等で明らかにしなければならない．

　通常は個人の選択行為と制度が再帰的な関係にある(独立ではない)ということも，自然実験データ探索の障壁となる．というのは，実験ではなく現実の社会的プロセスにおいては，個人はしばしば介入を見越して行動するからである．クラス分割の例だと，分割の制度，そしてクラス規模が規定数を上回りそうかどうかの見込みについて，一定の予測が対象者(たとえば児童の親)の側になかったことが示される必要があるかもしれない．

　また，分断デザイン(Imbens & Lemieux 2008)でしばしばみられるような「ある所得基準で公的扶助を与える」「試験のある点数(赤点)を基準として補講を強制するかどうかを決める」といった状況

が，基準近傍の個体の均質性をあてにした自然実験として利用できるのかどうかは，対象者と介入者の行為についての一定の記述的理解のもとでしか判明しない．赤点基準を事前に強く意識し，それをギリギリにパスするように準備したグループと，あまり気にせずにたまたまギリギリ赤点をとってしまったグループが，どこまで均質であるのかは検討の余地があるだろう．介入基準が年齢であるような場合には，上記のような再帰的関係を断ち切ることができるだろうが，別の問題は残る．それは，外的妥当性の問題である[9]．この問題については，次節で述べる．ここで主張しておきたかったのは，自然実験がその妥当性を記述的データ，あるいは質的判断に依拠することがある，ということである．

5　因果推論と切断

第1章で少し紹介した構造化理論で強調されているが，すべての行為はその環境(構造)のなかに位置づけられることで可能になり，意味を獲得する．また構造は行為の蓄積によって継続的に存続したり，変化したりする．

社会学のモノグラフ的な研究は，こういった社会の多様性や流れについて，理論と経験データを絡めて，意味的に理解できるかたちで記述する．そこで重要な役割を果たすのは，構造化理論を解説する際に必ず登場する「意図せざる結果」である．というのは，社会変化の多くは意図的な介入によってではなく，意図せざる結果として引き起こされるものであるため，意図的な行為の蓄積として記述することができないからである．

---

9)　不連続(分断)デザインにおける外的妥当性に関する議論については，Lee & Lemieux(2010)などがとっかかりになる．

　たとえば日本の 1970 年代以降の未婚化の主因としてあげられるのは，性別分業(男性が有償労働に，女性が家庭内無償労働に固定化される体制)の持続と雇用の不安定化である．これらはいずれも介入として理解できる現象ではない．たしかに同時期に性別分業を固定化する一連の政策が展開されたが(Tsutsui 2019, 29)，「婚姻率を低下させるべく性別分業固定化の政策介入がなされた」という記述は意味をなさない．未婚化は性別分業の固定化の意図せざる結果である．また，高齢化と少産化は女性の就業率を上昇させるが(余命上昇と子育て期の圧縮で就労機会が増え，同時にケアワークの需要が高まるので)，これらは因果関係として理解できるものではあっても，厳密な意味での因果推論はそこに含まれない．ただ，それぞれのつながりは「記述として理解できる」ものである[10]．

　これに対して，因果効果の枠組みは，原因と結果の関係についての意味的な理解が欠如していても有効である．無作為化は，介入以外の要因(特に層化できない未知の要因)を均質化することで，介入そのものの効果の推定を可能にする．したがって因果の推定は，「なぜ」という問いとは独立に行うことができる．ある薬が効果を持つことが実験で確かめられたとき，なぜ効果を持ったのかの説明は，副作用の予測や研究の展開に役立つことはあるだろうが，効果をもたらすメカニズムの意味的な理解ができないからといって，当初確認された効果が否定されるわけではない．

---

　10)　もちろんさまざまな要因が意図していない水準で絡み合うのであるから，要素間のつながりの多くは「意味的なつながりが理解できない」偶然的・偶有的なものである．このことを一部の社会理論(特に目的論に近づきがちな機能主義や社会進化論)は度外視しがちであるため，ギデンズはこういった社会理論から距離を置いた社会変化の記述の方法について論じている(Giddens 1984＝2015, 280-293)．

　自然実験は，相互依存の関係にある行為と構造のなかに生じる，何らかのかたちの「意味の断絶(discontinuity)」を利用したものだ．それは，均質な個体群の一部に対して，個体の選択そして介入者の選択が，特定の原因の発生とは無関連に生じる場面である．無関連というのは，つながりが意味的に説明しにくい，ということである．先の例におけるフランス軍のドイツ占領は，個体(地区)の経済的潜在力と無関連に行われた(と想定される)からこそ，その因果効果を知ることができた．一定の基準による個体群の分断(たとえば試験合否のスコアや公的扶助の支給要件)は，その線引きに合理的理由がないからこそ，自己選択や介入者選択とは無関連な介入として理解可能になるのである．

　観察データを因果推論に利用する場合に使われる一連の手法においても，処置と結果のいずれにも関連しそうな外的要因を均質化し，処置と無関連なものにすることが目指される．たとえば代表的な手法の一つである「傾向スコア分析(propensity score analysis)」においては，「処置群」と「統制群」において，その他の要因(主に年齢，性別，学歴といったデモグラフィック要因)が均質に分布するように重みを与える．そこに理屈の記述は必要がない．たとえば賃金率を「説明」する際に，「男女賃金格差の一部は，就業経験によって説明できる．そしてその大部分は役職によって説明できる」といった，意味連関に沿った説明はなされない．「他の条件が一定であるなかで，役職だけが違う，しかもそこに選択要素がない」場合に，つまり役職の割付が他の要因と無関連に＝切断して生じる場合に，役職の因果効果が推定される余地が生まれるのである．

　このようにみてくると，記述的説明と因果効果の推定の「相性の悪さ」が，「因果効果の推定に理屈はいらない」というよく指摘され

る事態によって示唆されるよりも，ずっと根源的なものであること
がわかるだろう．

　以上を踏まえたとき，たとえば因果効果の確認の積み重ねが因果
連関として社会の記述を可能にする，という考え方を無条件に支持
することは難しい．というのは，ある原因が無作為に——あるいは
少なくとも特定のアウトカムをもたらそうとする意図とは無関連に
——割り付けられるような場面は通常存在しないからである．変化
について因果的な記述を行う際には，アセモグルらがやったように
自然実験的に効果が確認できたものだけに限るべきだという強めの
制約を課すことは難しいだろう．アセモグルらの目的は社会変化の
記述ではなく，制度の因果効果の同定にあったのだ．そもそも，フ
ランスによる支配・新制度の導入が，その後の地域の経済発展を意
図して行われたのであれば，アセモグルらの「歴史の自然実験」は
不可能であった．意味的な断絶こそが，因果効果を特定する条件に
なったのである[11]．

　加えて，仮に自然実験や社会実験で因果効果が特定されたとして
も，実際の社会プロセスが同様の状況で展開されない以上，その知
識を他の場面での実際の社会記述にどこまで活かせるのかはわから
ない．それは，社会の異質性があるからだ．制度改革が経済成長を
促したということを，特定の時期・地域(たとえば19世紀初頭のドイ
ツ)における自然実験的考察で明らかにできたとしても，それが19
世紀後半の日本や20世紀後半の韓国・台湾に適用できるという保

---

　11)　他方で，さきほど論じたように通常の社会事象の連関はすべて有意味に
理解できる，というわけではない．社会記述は，ありうる無数の事象連関のなか
で有意味に解釈できる部分を抽出したものだ．このことはまた本章の最後で触れ
る．

証はない．もし適用に妥当性をもたせようとするならば，介入と地域の潜在経済力の無関連性が記述的に明らかにされたように，環境の同質性を記述的に明らかにするという無謀な企てに挑むことになる．

実験的状況を想定して手に入れた因果効果の知識は，同質性があるからこそ外的妥当性を獲得できる．薬の効果の特定に実験が利用できるのは，対象(たとえば人間)の生物学的な同質性が想定できるからである．社会変化の記述に因果推論が資するとすれば，それは同質性を(記述によって)どこまで担保できるのかにかかっている．それはたいていの場合，高い障壁である．

因果推論と記述の関係について簡単にまとめておく．自然実験によって記述を特定の時代・地域に対して因果的に行うことは，偶然に実験的な状況が想定でき，かつ介入についての詳細な記述が可能である場合に可能になる．これは稀なことであろう．さらにその結果を他の時代・地域に適用することも，同質性について強い想定をするか，それを証明するための詳細な記述が必要になる．したがって個々の因果推論の知識を社会記述に活かすことは難しい．

6 要約のためのモデル

社会学における社会の記述は，第1章で見てきたように，関連資料，自然言語で記述された非演繹的理論，断片的な経験データの絡み合いのなかで行われるものが多い．それは，事実(とされるもの)を羅列した年表的な記述ではないし，他方できれいなモデルにそった論述というわけでもない．

だからといって，社会の記述が研究者によって自由に展開されうる，というわけでもない．ここでは数量データによる記述の拘束の

あり方についてみていこう．社会の記述を一定の厚みをもって行うためには，それなりの「解像度(精細さ)」を備えたデータが必要になる．社会学的な社会記述の例をあげよう．まずは，社会学のなかでも比較的「理論」の枠組みを伴った社会変化の記述の例である．

　社会学には社会移動(social mobility)研究という分野がある．社会移動とは，何らかの基準で測定された社会階層について，親子間あるいは個人内で変化(移動)があることを意味している．たとえば親の職業が高度専門職で，その子どもも同じであれば，社会移動がない．社会単位でみたとき，移動が多ければその社会は「開放的」，少なければ「閉鎖的」であると判断される．この開放性と閉鎖性を表現するための数値もいくつか開発されている．

　社会移動は，主に 2 つの命題を巡って研究されてきた．ひとつは「産業化命題」，もう一つは「FJH 命題」である．産業化命題は，産業化が進めば本人の職業的地位は親の地位ではなく子どもの教育達成(学歴や資格)によって決められるので，社会は開放的になる，と予測する．これに対して FJH 命題(提唱者の名前の頭文字を取ってつけられた)では，産業化が一定段階に達したところで開放性は変化しなくなる，と予測する(三輪 2011)．これらはいちおう理論としての地位を与えられているが，数理モデルで表現されることは基本的にはなく，直接に自然言語の命題が経験的に検証される．

　この検証においては，まさに社会変化の「要約的記述」がなされている．開放性の判定に使用される指標は必ずしも平均値のようにシンプルで馴染み深いものではなく，それなりの数値処理が必要なものであるが，少なくとも因果推論の枠組みは使用されない．使用されるのは，時代ごとの親職と子職のクロス集計表である．これを社会移動研究では「移動表(mobility table)」と呼ぶ．かつてはほと

表 2.2　移動表の例

	①	②	③	④	⑤	⑥	合計
①ホワイトカラー上層	164	54	35	27	25	15	320
②単純ノンマニュアル	49	38	11	13	18	5	134
③自営	100	77	111	66	55	13	422
④熟練	21	20	8	33	17	3	102
⑤非熟練	22	21	15	47	41	9	155
⑥農業	147	103	99	138	181	273	941
合　　計	503	313	279	324	337	318	2074

注：1975 年の SSM データを用いた世帯間移動表．父親の階級を行，息子の階級を
列として作成した．
出典：竹ノ下(2015, 98)より引用

んどの社会移動研究では父職と息子職が比較されていたが，現在で
は女性の社会移動の研究も行われている．

　例をみてみよう．**表2.2**の一番左上の 164 という数字は，親職
(ここでは父職)が「ホワイトカラー上層」(たとえば大企業のオフィスワ
ーカー)で，子職も同じ職業カテゴリーである人数である．親職が
「非熟練」で子職が「ホワイトカラー上層」だと上昇移動，その逆
のパターンだと下降移動になる．この移動がランダムに生じる状
態，つまり親職の分布と子職の分布が独立である状態を基準とし
て，実際の分布の偏りが統計学的に誤差の範囲を超えている場合，
特に父職と子職が同じである対角セル上に偏っている場合に，社会
移動の閉鎖性があると考えることができる．

　実際の分析では，このような移動表を年代ごとに作成し，開放性
の変化を見ることになる．現在最も頻繁に使用されているのは，オ
ッズ比やそれをモデル化した対数線形モデル，その発展形として
のアソシエーション・モデルである(三輪 2015, 107-108)．こういっ

たモデルは主に社会学の領域で独自に発達した統計手法である．因果推論のモデルとは違い，実際のデータに適合的である範囲でシンプルなモデルを選択するための方法である[12]．モデルの適合度指標には，多くの場合対数尤度(log-likelihood)が用いられる．つまり，単なる記述統計ではなく，推測を伴った確率論的な記述である．

　要するに，社会移動の分析で用いられる統計手法は記述・要約のための手法であって，因果推論のための手法ではない．社会学が他のトピックにおいて計量データの分析を用いるときも，しばしば「実際の観察結果と確率論的に適合するモデル」を探すことがしばしば目的になる．

　同じ観察データの分析を行う際にも，因果推論志向が強い傾向スコア分析やマッチングといった手法では，処置群と統制群を均質化するためにさまざまな人口学的要因(性別，年齢，学歴，職業等々)が用いられるが，回帰分析では分散の分割による説明ができるため，社会学者はこちらを好む傾向がある(筒井 2017)．これは先程，賃金格差の例で説明したとおりである．つまり，因果推論であれば賃金格差の原因となる処置をひとつ定め(たとえば職務経験)，職務経験が高いグループを処置群，低いグループを統制群として，その他の変数は，この2群をできるだけ均質にするための数値的な処理のためにのみ用いられる．これに対してしばしば回帰分析では，男女で賃金格差があるかどうかを確認し，ある場合には追加的に職務経験の有無の変数を投入する，といった手続きがなされる．これに

---

　12)　対数線形モデルについては Knoke & Burke (1980)，アソシエーション・モデルについては Wong (2010)を参照．

より当初の男女で賃金格差の説明力が縮小していれば，「男女賃金格差の一部は職務経験の有無によって部分的に説明された」と考える．

7　集団内の多様性と社会変化

計量社会学者のユウ・シエは，回帰分析系の計量分析の手法が分散に関して2つの異なった方針を採ることを指摘している(Xie 2007)．ひとつはガウス的アプローチ，もうひとつはゴルトン的アプローチである．

- ガウス的アプローチ：観察データ＝固定効果のモデル＋測定エラー
- ゴルトン的アプローチ：観察データ＝システマティックな(集団間)多様性＋残りの(集団内の)多様性

ガウス的アプローチでは，観察値が真の値と誤差によって構成されていると考える．そのため，できるだけ小さなバイアス(体系誤差)と誤差(ランダム誤差)を持つ推定を目指す．これに対してゴルトン的アプローチでは，分散は誤差というよりも，説明されるべき集団の多様性である．

ガウス的アプローチでは，分散はノイズ(誤差)であり，推定にあたって除去あるいは最小化が目指される．統計学の語彙を使えば，不偏性あるいは一致性を確保して体系誤差を除いたうえで，効率性基準によってランダム誤差を最小化する手法が選択される．ゴルトン的アプローチでは，分散は主に人口学的変数(性別，年代，学歴等)によって説明される多様性である．さきほど回帰分析の運用につい

て説明したように，分散の分解をデータの要約的説明だと考える立場である．

ゴルトン的アプローチは，観察された変数によって被説明変数の分散を分解していくため，関係モデルで構造化されたデータのように，観察種類が豊富なデータを必要とする．というのは，社会は(少なくとも産業化された社会は)きわめて異質性が高いカテゴリーの組み合わせを持つ人々によって構成されているからである．性別，年齢，年代，学歴，職業，所得，家族構成など，調査によって観察され関係モデルによって構造化され流通されるデータは，人々の異質性によって社会を要約する際に欠かせない．

そもそも関係モデルで構造化される調査データに含まれる多様な観察種類が何のためにあるのかが，因果志向と要約志向の分析とではまったく異なる．因果志向の分析では，それらは処置群と統制群を均質化するための道具として使用される．要約志向の分析では，社会の要約的記述のために積極的に使用される．

以上のように，計量社会学は近隣分野の計量研究に比べてデータによる社会記述を尊重するというのが本書の見立てだが，このことは対数線形モデルや回帰分析の独特の用いられ方をみるまでもなく，計量社会学が扱う概念においてもみてとれる．

たとえば社会階層研究(社会移動研究はその下位分野である)においては，社会的地位をいかに的確に測定するかが非常に重要になる．この場合の社会的地位は，何らかの体系的な「理論から引き出される」概念である以前に，「一般の人々の概念を参照した」ものである必要がある．マルクス主義経済学であれば，重要なのは階級(class)の概念である．これは唯物論から引き出された概念であり，生産手段(資本)の所有の有無が集団を分けるカテゴリーの基準とし

表 2.3　階級・階層カテゴリーの例

マルクス主義階級論	ゴールドソープの階級論	階層論における階層分類(SSM 総合職業分類)	階層論における職業威信スコア(1995年 SSM 調査)
資本家階級 新中間階級 旧中間階級 労働者階級	サービス階級 単純ノンマニュアル 自営 自営農民 上層マニュアル 下層マニュアル 農業労働者	専門的職業 大企業ホワイト 中小企業ホワイト 自営ホワイト 大企業ブルー 中小企業ブルー 自営ブルー 農業	医師 90.1 技術者 72.0 … 獣医師 65.7 図書館司書 63.6 … 会計事務員 52.9 … 給仕係 38.1

出典：渡邊 2017，67 より引用

て採用される．他方で計量社会学の階層研究においては，言葉としては「階級」を用いることもあるが，理論体系ではなく人々の思念する地位の上下関係が参照される度合いが強い．その証拠をいくつか紹介しておこう．

　社会移動研究では**表 2.3**でみられるような地位のカテゴリーが作られるが，このカテゴリーは特定の理論体系から演繹的に導かれるものではないし，また(クラスター分析やディープ・ラーニング等の何らかの手法で)純粋にデータから探索的・帰納的に構築されたものでもない．表 2.3 には，マルクス主義的階級カテゴリーと，社会学の階層分類を示している．

　社会学の階層研究におけるカテゴリーの決定には，特殊時代・地域的な背景が影響している．それは，産業化に伴う社会移動をよりよく記述できるカテゴリーが求められたためである．社会学の社会移動論では，産業の発達によって農業や自営業(旧中間層)の従事者

が自然に減ることによって生じる社会移動のことを「強制移動」と呼ぶが，強制移動の実態は社会によって異なっている．日本では第二次世界大戦後も分厚い旧中間層が存在したが，旧中間層の解体が具体的にどのように生じたのか(自営から専門なのか，それとも他のカテゴリーへの移行が多かったのか，など)を明らかにするためには，「旧中間層」カテゴリーよりももう少し詳細な階層カテゴリーが必要である．

　さらに，こういった階層カテゴリーは，ある程度人々の階層イメージに結びついている必要がある．というのは，階層カテゴリーが社会移動研究において有意味であるためには，それが教育投資等を通じて階層を上昇移動(「出世」)しようとする人々の考え方に適合しているのでなければならないからだ．表2.3の右端の列は社会階層研究の下位研究のひとつである「職業威信」研究において用いられるスコアである．このスコアは，研究者ではなく調査対象者による職業の格付けを表している．社会学では威信スコアを利用して，「地位の一貫性」の研究がなされる．たとえば，中等教育の教師は「威信は高いが所得はそれほどでもない」といった非一貫性を示す，といった記述がなされる．

　このように，社会学の専門概念の根底にあるのは，あくまで〈人々の概念〉なのであり，研究者が構築した理論から概念が構成されるよりも前に，研究者が人々から概念を受け取っているのである．もちろん，人々の概念にはあいまいさがあり，実際の分析においては何らかのかたちでそれが要約＝単純化される．そもそも「大企業ホワイト」というのは人々が日常的に使う概念ではない．それでも，こうした専門カテゴリーと人々の概念は「響き合う」ものである――人々の概念を参照して専門カテゴリーを作り，さらにそのカ

テゴリーを通じて人々の概念を再度把握する——ことが期待される.

　これは,第1章で触れた「反照戦略」のひとつである.社会学が反照戦略を取るからには,階層研究が取り扱うカテゴリーも社会に応じて異なる,ということになる.すなわち,(表2.3の左から2番目の列に示された)イギリスと(同3番目に示された)日本では有効な階層カテゴリーは違う.また,同じ日本でも高度経済期と現在では,やはり有効なカテゴリーは違う.かつてのSSM調査(1955年,65年,75年の3つ)では,調査対象は男性のみであった.女性の労働力参加の上昇という背景に照らして,1985年から女性が対象に加わった.また,現在の階層研究は職業ではなく従業上の地位(身分),つまり「正規雇用／非正規雇用」というカテゴリー抜きには階層化を首尾よく要約できない.もう少しいえば,以前の階層移動研究が「親と子」の移動表を分析していたのに対して,未婚化が進む状況ではこの枠組みをそのままでは利用できない.社会学の理論枠組みと概念は,人々の行動や社会の変化に応じて柔軟に修正されることが求められている.

8　データの解像度

　さらに,人々の概念と響き合うカテゴリーを作り出すためには,観察種類が豊富な調査データを使うことが必要である.職業にしても,SSM調査では学卒後の初職から現職にいたるまで,基本的にはすべての仕事について,職業,勤め先の企業規模や業種,従業上の地位,収入といったきめ細かな,つまり解像度の高い情報を集めている.日本的雇用は「終身雇用」を原則にしていると言われているが,これは一部の大企業において典型的に見られる制度であり,

実際には転職はごくふつうに発生する．したがって個人の社会的地位を職業で決める場合，こういった職業履歴にもある程度目配りをする必要がある．実際の SSM 調査の調査票をみてみよう（図 2.2）．かなり詳細な観察であることが分かるだろう．

　家族の変化にしても同様である．第 1 章では未婚化について経済学と社会学のアプローチの違いを論じたが，結婚後の親子関係も社会学の重要な研究テーマである．たとえば「結婚後に夫と妻どちらの親との関係が強くなるのか」という問いは，現代家族における「父系制」の名残を検討するという研究の一部であるが，こういった問いを立てる場合，夫と妻それぞれで，両親および義親との関係をできるだけ詳細に観察する必要がある．

　親と成人子との「居住距離」ひとつとってみても，調査票のプリコードでは（回答拒否が増えない範囲で）解像度を高くしなければならない．日本家族社会学会が実施している全国家族調査（NFRJ）では，図 2.3 の（エ）のような選択肢を用いている．このうち 2 の「同じ敷地内の別棟，同じマンション内の別室」という選択肢は，一見「同居」でもよいのではないかと思われるかもしれないが，この選択肢がなければ回答者は，同じような居住形態でも解釈によって「1　同居」と「3　30 分未満」に分かれてしまう．そうすると，十分に妥当性のある観察ができないのである．

　他分野の研究者からすれば，ここまできめ細かいデータを集める必要があるのかと疑問に思われるかもしれない．しかし，これは社会の異質性を記述しようとするならば，当然に要求される（それでももしかしたら不十分な）水準の解像度である．全国家族調査は日本のみの調査であるので，異質性とはすなわち時代的な変化あるいは国内の地域的な多様性を意味している．社会が変化すれば，重要な

問7 では、改めて最初の従業先についてうかがいます。そこで働き始めたときの、あなたのお仕事について教えて下さい。〔問7〜問8は、年表を参照しながら聞いていく〕

職歴番号	01		従業先番号	
あなたが最初の従業先にいらしたのは□年〜□年（または○歳〜○歳）までですね。〔年表で確認〕	昭和 平成 □ 年 〜 昭和 平成 □ 年 満（　）歳 〜 満（　）歳		1 現従業先と同じ → a、e〜h を聞く 2 現従業先と違う → すべて聞く 3 現在が無職 → すべて聞く 〔わからない場合はすべて聞く〕	
a 従業上の地位	【回答票6】 あなたの最初のお仕事は大きく分けてこの中のどれにあたりましたか。	1 (ア) 経営者、役員 2 (イ) 常時雇用されている一般従業者 3 (ウ) 臨時雇用・パート・アルバイト 4 (エ) 派遣社員 5 (オ) 契約社員、嘱託	6 (カ) 自営業主、自由業者 7 (キ) 家族従業者 8 (ク) 内職 9 　 わからない	
b 事業内容	そこは、どのような事業をいとなんでいましたか。〔派遣社員は派遣会社を勤め先とする〕	〔野菜の販売、自動車の製造、薬品の卸売、衣服の小売、旅館経営のように具体的に記入すること〕 　　　　　　　　　　　　　　98　非該当（内職） 　　　　　　　　　　　　　　99　わからない		
c 従業員数	【回答票6】従業員（働いている人）は、会社全体で何人ぐらいでしたか。〔家族従業者、パート・アルバイトも含む〕	1 (ア) 1人　　5 (オ) 30〜99人 2 (イ) 2〜4人　6 (カ) 100〜299人 3 (ウ) 5〜9人　7 (キ) 300〜499人 4 (エ) 10〜29人　8 (ク) 500〜999人	9 (ケ) 1000人以上 10 (コ) 官公庁 98 　非該当（内職） 99 　わからない	
d 入職経路	【回答票7】 どのようにしてその従業先に就職されたのですか。あてはまるものをすべてあげてください。(M.A.)	1 (ア) 家族・親戚の紹介 2 (イ) 友人・知人の紹介 3 (ウ) 卒業した学校の先輩の紹介 4 (エ) 卒業した学校や先生の紹介 　　　（学校推薦も含む） 5 (オ) 職業安定所の紹介 6 (カ) 民間の職業紹介機関の紹介	7 (キ) 求人広告や雑誌などを見て 　　　直接応募した 8 (ク) 家業を継いだ(家業に入った) 9 (ケ) 自分ではじめた 10 (コ) その従業先から誘われた 11 (サ) その他〔　　　　　　〕 99 　わからない	
e 移行	【回答票7】学校を出てからすぐに仕事につかれましたか。	1 (ア) すぐに（1ヶ月未満で）仕事についた〔卒業前から就職もここに含む〕 2 (イ) 少ししてから（1〜3ヶ月以内に）仕事についた 3 (ウ) だいぶしてから（4ヶ月以上）仕事についた 9 　 わからない		
f 仕事の内容	あなたは職場でどのような仕事をしていましたか。	〔小学校教員、プラスチック製品（おもちゃ）の製造、スーパーのレジ、銀行の窓口の仕事、高齢者家庭で身の回りの世話・介護など、仕事の内容がわかるように具体的に記入すること〕 　　　　　　　　　　　999　わからない		
g 役職名	【回答票7】最初から何かの役職についていましたか。	1 (ア) 役職なし 2 (イ) 監督、職長、班長、組長 3 (ウ) 係長、係長相当職 4 (エ) 課長、課長相当職 5 (オ) 部長、部長相当職	6 (カ) 社長、重役、役員、理事 7 (キ) その他（具体的に） 〔　　　　　　　　　　〕 9 　 わからない	
h 居住地	初めて仕事についたとき、あなたはどこにお住まいでしたか。	〔　　　　　　　　　　〕都道府県　〔　　　　　　　　　　〕区市町村		

図2.2　SSM 調査（2005）の職歴票

	健在のお父さん	健在のお母さん
(ウ)	現在、仕事についていますか。	
	1 仕事についている 2 無職（定年退職者・主夫を含む）	1 仕事についている 2 無職（定年退職者・主婦を含む）
(エ)	この方はどこに住んでいますか。最もよく使われる交通手段でかかる時間をお答えください。	
	1 同居 2 同じ敷地内の別棟、同じマンション内の別室 3 30分未満 4 30分～60分未満 5 1時間～3時間未満 6 3時間以上	1 同居 2 同じ敷地内の別棟、同じマンション内の別室 3 30分未満 4 30分～60分未満 5 1時間～3時間未満 6 3時間以上

図 2.3　全国家族調査(NFRJ18)における親との居住距離の選択肢

カテゴリーがどこにあるのかも変化する．そのときどきに合わせて単純化したカテゴリーは，他の時代や社会と比較する際に使えなくなる可能性が高い．

　学歴についていえば，現在は高卒(相当)か大卒(相当)かの区分が意味を持つだろうが，1960 年では高校進学率はまだ 50% 台であった．異質な社会を比較する場合にも，たとえばアメリカでは「some college(大学中退)」というカテゴリーが大きな意味を持つが，中退の少ない日本では，SSM 調査など社会階層についての厚めの観察を行う調査を除けば，中退の情報を観察しないことがほとんどである．ただ，日本においても将来重要なカテゴリーの分け目が変化することは十分に考えられる．そのときに，きめが粗いデータだと変化を記述できなくなるのである．

　以上，異質性のある社会(多様な社会および社会変化)を記述するためには，それなりの解像度を持つデータが必要になるということを論じた．この記述は，社会調査制度，観察種類を豊富に持つ調査票設計，関係モデルによるデータの効率的構造化，これらを担う研究者によって支えられている．

　ただ，ここでは「データの解像度」ということの意味を，詳細な

カテゴリーといったほどの意味で，あまり追究しないまま使っている．実は，比較においては解像度の高さが逆にそれを困難にするということも生じうる．これらのトピックについては次の第3章でとりあげる．

9　3つの計量モデルの比較

ところで，計量社会学分野で発達した対数線形モデル，アソシエーション・モデルといった分析手法は，確率誤差については十分に処理できるものの，計量経済学や統計的因果推論と違い，バイアス（体系誤差）にそれほど注意を払わない．これらの手法の目的は「要約」にあるため，ここでは「要約モデル」と呼んでおこう．確率論的な要約モデルで気にされるのは，モデルが示すデータと観察値との適合度（goodness of fit）である．

この点において，計量社会学の要約モデルと，予測のために機械学習を用いる LASSO 回帰等の学習・正則化の手続きには類似性がある．これらのモデル（「予測モデル」と呼んでおく）では，やはり関係モデルデータを用いて，無数の観察種類データの多様な特定化（組み立て方と組み合わせ方）でデータをフィットさせ，さらに過度にデータを複雑化させないために過学習を抑制するための正則化を施す．複数モデルの比較を適合度で行う点において，要約モデルと予測モデルは共通している．

ただ，ある重要な点において要約モデルと予測モデルは異なっている．要約モデルは要約であるがゆえにモデルに「意味」があり，理解可能である必要がある．たとえば対数線形モデルで社会移動データを表現した場合，その結果から「1970 年代から 2000 年代にかけて，階層の世代間再生産が変化した（開放性が増した）という

表 2.4　計量分析の各モデルの特性

	要約モデル	予測モデル	因果モデル
適合性／均質化	適合性	適合性	均質化
意味理解	必要	不要	不要

証拠は見つからなかった」というふうに，社会変化が記述できなければならない．もし適合度の高いモデルが有意味に解釈できない場合，さらに要因を追加してモデルを修正していくことが期待される．これに対して正則化回帰によって構築された予測モデルは，予測が(過剰適合でない範囲で)正確であれば，モデルの意味的な解釈ができなくともまったく問題はない．

　この意味で，予測モデルと因果推論モデルには一定の共通点がある．予測モデルでは，予測ができればモデルの意味的な解釈可能性は問われない．もちろん解釈できるに越したことはないが，正確な予測ができることが第一の目的であり，意味的に理解不能なモデルであるからといってその予測モデルを破棄することはしない．因果モデル(たとえば傾向スコア分析)では，処置群と統制群を均質に割付するためのモデルが意味的に解釈可能である必要はない．結果的に2群が，観察され使用された諸要因において均質であればよい．原因がどのように効果を及ぼすのかについての問いが，因果効果の推定結果に影響することはない．他方で，予測モデルは特定の介入の正確な因果効果を必ずしも特定できるものではない．

　以上の要約モデル，予測モデル，因果モデルの3つについて，その特性をまとめたものが**表2.4**である．

　目的が異なるこれらのモデルだが，相互に役立ち合うこともある．要約モデルの目的は社会の異質性(多様性と変化)の記述にある

が，すでに述べたように，自然実験による因果推論においては，介入者の選択が処置の効果と無関連であることや，処置群と統制群が均質であることを示すために記述が用いられるのであった．

　また，計量社会学が調査データから職業をコード化する際には，機械学習による予測が用いられることがある．SSM 調査や JGSS（日本版総合社会調査）においては，職業は自由記述であり，そのままでは職業カテゴリーデータとして用いることができない．職業はその他の情報(年齢，性別，学歴，企業規模，従業地位等)と相関しているため，研究者が回答者の職業をアフターコーディングする際，こういったプリコード情報を参照しながら，職業カテゴリーにあてはめていく．機械学習ではこれを「教師」として予測を行い，確信度とともに候補を作成する(高橋ほか 2017)．研究者はこの候補を手がかりとして，最終的には質的な(しばしば暗黙知に依存した)判断として職業カテゴリーを決定する[13]．

　観察データを要約するモデルを作る際にも，機械学習を利用することは可能である．機械学習は一定のルールのもとで適合的なモデルを提示するだけだろうが，示唆されたモデルに対して探索的な意味解釈を試みることは可能である．というのは，実際には意味的な解釈可能／不可能の境界はあいまいであるからだ．

　この点に踏み込むのはかなり覚悟がいるが，ここで簡単に現実と意味解釈の関係について少々論じておこう．すでに構造化理論のと

---

　13)　ただこの人間の質的判断も，人工知能による判断も，いずれも複合的な要因判断であり，「明示的に説明できないことがある」という点においては共通しているともいえる(稲葉 2019, 178-179)．この点は「意味」とは何かという根本的な問いに関わるため，本書ではこれ以上追求せず，他稿に委ねることにする．

ころで指摘したが，社会の各要素は意図せざる結果を通じて緩いか
たちで連関しあっている．人命尊重の価値観から推進される医学・
公衆衛生の発達が高齢化を帰結することは意図した結果であろう
が，それにより女性の労働力参加が促されることは意図せざる結果
である．意図した結果が露骨に現れると，当初の目的が依拠する価
値観に反する結果さえ生まれる．たとえば父系尊重の中国家族規範
が強い男児選好につながり，出生力抑制政策下において男性に偏っ
た歪んだ人口構成を生み出す．そうすると結婚相手を見つけられな
い男性が溢れかえり，結果的に「男系子孫を残す」という当初の規
範の実現が難しくなる．中国の例は政治のリーダー層の想像力の欠
如にも起因するだろうが，そうではないケースも多々あるだろう．
私たちの社会は(社会ごとに異なり，かつ変化する)異質な要素の絡み
合いによって構成されており，どんなに強い権力者であろうと，多
くの要素を意味的に明確なかたちで組織・体系化するようなことは
難しいのである[14]．

10　予測モデルと要約モデルの連携

　現実のこの「緩さ」に対応して，私たちの概念もきわめて広い範
囲での解釈を許容するようにできている．たとえば(架空の例だが)
世代が経るごとに親子関係は緊密化が増すのか，という問いを立
て，仮説を考えてみよう．私たちは，この 2 つの要素の関係につ
いていとも簡単に逆の予測を立てることができる．一方で，世代が
新しくなると雇用労働化が進み，成人後の親への経済的依存が減る

---

　14)　このテーマに本腰を入れて取り組んだのがフリードリヒ・ハイエク
(Hayek 1944＝1992)である．だが，ここでは上述の高齢化と女性労働力参加
の関連を想起するだけで十分であろう．

ため，関係は希薄になるのではないか，という予測が可能である．これは，家族社会学における「直系家族制から夫婦家族制へ」という議論につながっている．他方で，世代が新しくなると長寿化と少子化が進み，成人子がその親とつきあう期間が長くなり，かつ親からすればより少ない子どもとのつきあいになるため，関係は緊密化するという予測も可能である．

　社会学が扱うようなテーマに関して言えば，このような逆向きの予測が大抵の場合には可能になる．それは，上記の例では「雇用労働化」「長寿化」「少子化」といったさまざまな変化が，何らかの意図のもとで体系的に進むのではなく，ある程度バラバラに進行しつつ影響し合うようなものであるからだ．異質性が強い社会は，社会の変化について多様な解釈や予測を許容する材料をふんだんに与える．また同時に，現実は私たちの思い描く意味に沿って動くとは限らない．「多様な解釈を許す」ことと，「意味的に理解できないつながりがたくさんある」ことは，社会の異質性という同じ特性の2つの現れである．

　このことは，「意味理解に沿った反照戦略」の有効性と限界をともに示している．異質性に対応するために，モデルを固定化せず，断片的なもので良いので経験的データを随時用いて社会の特徴や変化をできるだけ写し取ろうとする方針も有効であろう．他方で，理論とデータの往還において，研究者の想像を超える思いもよらない——意味的に理解できる枠組みの範囲を超えた——つながりを見出すためには，抽象的なモデルを用いた距離化戦略や，並外れた計算能力をあてにした計算機による探索戦略も有効になる場面がどうしてもでてくる．

　ルワンダで実施された，携帯電話の通話記録を用いて所得の地理

的分布を調査する試みは，従来型のサーベイデータと，通話記録という非構造化データを組み合わせるというユニークな戦略であった（Salganik 2018=2019, 1-2）．すなわち，まずサーベイデータと併用しつつ，機械学習によって通話記録から所得を予測するモデルを構築する．あとは通話記録（通話内容に加えて通話の場所も記録されている）にそのモデルを適用すれば，「ルワンダにおける富の地理的分布について高解像度の地図を作成」できる，というわけである．

　いうまでもなく，通話は所得を報告するために行われるものではないし，通話記録は所得を観察するために保存されるものでもない．しかし，私たちの行動（ここでは通話）と人口学的な属性（所得のみならず性別，年齢，職業，学歴など）は，意図しない水準で連関している．このこと自体は，ブルデューが社会的地位と趣味の関係について注目してきたように（Bourdieu 1979=1990），社会学者にとっては周知のことがらであろう．しかしデジタルデータと計算機科学の発達により，通話や買い物記録のような必ずしも構造化されていないデータから有意味な情報を抽出できるようになったことが，プライバシーの問題という障壁を伴いながらも，予測モデルと社会記述のあらたな連携の可能性を予示しているのである[15]．

　社会の連関は，意図的な行為に付随して生じる無数の結果の絡み合いによって構成される．社会の記述とは，このうち有意味に理解できるごく一部の連関を抽出したものだ．社会は，私たちの意味理解の範囲を超えた連関にあふれている．このうち頑健に観察される連関は，想像力が豊かな社会記述家によって見出されることもあれ

15）　社会（科）学における人工知能の可能なあり方については，本書の考察範囲を超える．計算社会科学を取り扱った本シリーズの瀧川裕貴の巻（続刊）や，稲葉（2019）の第 6 章などを手がかりにして考えてみてほしい．

ば，抽象的モデルを駆使する距離化戦略によって発見されることもある．ジョン・メイナード・ケインズの有効需要の理論(ひいてはマクロ経済学)は，数理モデルを欠いては十分な推論・予測を行うことができない．そしてこの理論が人口に膾炙することによって，マクロ経済学の語彙は私たちにとって十分に「意味理解」が可能なものになった．

　経済学の理論と語彙がすでに私たちの社会の制度的環境を形作っていることからも自明なように(たとえば中央銀行制度)，距離化戦略が生み出した知識は，再帰的プロセスの一部に組み込まれることがある．いったん知識が制度化されたら，それは行動の予測可能性を高め，当初は存在しなかった連関性に意味を与える．たとえば経済不況のときに政府が財政出動をするという連関は，当初はモデルによって生み出されたものであるが，制度化されてしまえばそういった抽象的推論を経ずとも「理解できる」連関となるのである．

....

第3章

「質と量」の問題

1　質的研究と量的研究の分断

すでに何度か科学哲学について言及したが，哲学全般についてあてはまることが科学哲学においてもあてはまる．たとえば認識論は私たちの認知のあり方についての知識を含んでいるはずだが，私たちは知識としての認識論を踏まえて認識しているわけではない．科学哲学について興味深いのは，「科学者の実践は，つきつめるとこうなっているはずだ」という知見と，現場の科学者が実際に想定し，依拠している規範とのズレである．厳密にみてみれば，たしかに反証主義は科学の発展(知の更新)を説明しているとは言い切れない．ある理論が反証されても，その理論全体が否定されないことがあるからだ．それにもかかわらず，反証主義は現場の科学者の研究をよくガイドする規範となっている．

　同じようなことは，社会学の分野における「質と量」という二分法をめぐっても指摘できる．この二分法については，方法論の議論においてさまざまな場面でその「無意味さ」が指摘されている[1].

---

1)　例として，佐藤俊樹は次のように書いている．「この本では「量と質」という議論はしない．私はこれを最もばかげたお題の一つだと考えている．そんな対立は存在しない．あるのは論理だけだ」(佐藤俊樹 2011, 24).

それにもかかわらず，社会調査や研究法のテキストの多くはこの二分法を前提として執筆されているし，研究者コミュニティも見事に分かれている．片方のコミュニティに属していれば，もう片方では当然のように知られている研究者の業績を読んだこともないし，それどころか「知らない」ということがよくある．欧米や他の東アジア圏の社会学は日本よりも量的研究が優勢であるためこういった分断は目立たないだろうが，それでも研究者コミュニティや文献参照の分断ぶりは明白である．

　これはどういうことだろうか．多くの国・地域では社会学の「ナショナル・アソシエーション」(日本では日本社会学会，アメリカではアメリカ社会学会)があり，年次大会も開催され，執行部のメンバーは「質量」入り交じる．つまり社会学は制度的にはひとつのまとまりを形成している．それにもかかわらず，質と量では研究者コミュニティや文献参照系統が分かれている．

　本書では，社会学は(特に)対象から概念や問いを受け取る——距離化ではなく反照戦略を優先することが多い——のだということを強調している．社会学には「トマスの定理」という考え方がある．これは，「If men define situations as real, they are real in their consequences」(Thomas & Thomas 1928, 571)という文章で表現されている．これに従えば，多くの社会学者が「質と量」という区分に依拠して研究し，行動し，またそれを参照するのであれば，この区分はまごうことなき「現実」なのである．

　ただ，問題はこれで済まされない．日本の社会学は，比較的質的研究のプレゼンスが高く，この傾向は近年，より顕著になってきている(太郎丸ほか 2009)．この研究上の「優位性」はしかし，調査教育の場面になると逆転する．2003年には，日本社会学会などが母

体となって設立された社会調査協会により，「社会調査士」資格の
認定活動が開始される．調査教育のカリキュラムにおいては，明ら
かに量的調査・分析が優勢である．その理由の一つは，量的調査・
分析の方法がより標準化されているとみられているからであろう．

　たしかに，量的調査のあり方は，標本抽出理論を軸とした「標
準」が確立されているようにみえる．分析にしても，基礎となる確
率統計については，教科書ごとに説明が違う，といったことはあま
りない．これに対して質的研究のテキストは，体系的な教育プログ
ラムを立てにくいようにもみえる．

　このことに関連して，「質的調査」という言葉が「量的調査では
ない」さまざまな調査を指す「残余カテゴリー」になってしまって
いるという見方がある(佐藤健二 2011)．もっともこれは，特に量的
研究を行う研究者の質的研究の見え方の問題であろう．本来的に異
質なアプローチに対して，同一カテゴリーを用いてまとめることに
はデメリットが大きい．本書の言葉で言えば，「質的研究」という
言葉の「目の粗さ」，解像度の低さが問題にされているのである．

　ただ，「よく知らない」ことについて理解の解像度が低くなる問
題があるとすれば，それはどこにでもある問題である．経済学者か
らみえる社会学(またはその逆)，自然科学者からみえる社会科学(ま
たはその逆)は，ときにあきれるほどの解像度の低さを露呈する．一
部の社会学者がしばしば経済学者に投影する理解(市場原理主義，合
理的人間の前提)に対して，経済学者はあきれてみせる権利がある．
というのは，経済学には「市場の失敗」についての分厚い研究蓄積
があって，それはすでに行政・政策に反映されているし，行動経済
学分野では合理的人間の前提を撤廃した研究がなされ，ノーベル経
済学賞が与えられるほどの功績だと認められているからである．逆

に，インターネット上の発言力が強い「社会学者」(しばしば業績が
あまりない)を社会学者の代表とみなして社会学を非難する言説は後
を絶たないが(筒井 2020)，これも認識の粗さの現れである．

　他分野の学問を学ぶことにそれほど時間をかけられない以上，よ
く知らない対象についての理解の解像度の低さの問題は，希少な思
考資源の配分の問題であり，それ自体をなくすことは難しい．深刻
な問題があるとすれば，自分の理解の解像度が低いということを意
識していない場合と，自分が詳しい分野を他人がとらえるときの解
像度の低さについての寛容性がない場合であろう．前者は，単純化
されたイメージに基づいた偏見を広げてしまう．後者は，他分野に
ついて知ろうとする人たちにとっての拒否経験を増やしてしまうか
もしれない(「よく知らないなら口を出すな」)．こうなると，知識は分
断したままである．

　量的研究者による質的研究についての理解の粗さはしばしば問
題にされてきた．質的研究は「残余カテゴリー」にされてきたとい
う主張はそういった問題関心を背景にしている．質的研究といえば
「フィールドワーク」だという単純な理解も，文献資料調査や内容
分析を行う研究者からすれば粗すぎるイメージにもとづいたもので
ある．

　逆に，質的研究者が量的研究をみるときの解像度が低いという
問題もあるはずだ．たとえば質的研究者からすれば，質的研究と量
的研究の対比の焦点は「調査」にあると考えたくなるかもしれない
が，統計をちゃんと理解している者からすれば，そもそも「調査」
の対義語は「実験」である．計量社会学は，その歴史的な経緯から
量的「調査」を重視しているにすぎない．しかし，多くの質的研究
者からすれば(特に因果モデルに立脚する科学の基準からすれば致命的に

重要な)「調査と実験」の差は，理解できないのではないか[2]．

　本章では，「質と量」問題の見晴らしをもう少し良くするために，この解像度を少し高くすることを試みる．先に紹介した「(質と量の)区別は無意味」という指摘は，こういった現実は事実誤認だ，という主張ではなく，こういった区分を自明としすぎることで失われるものは大きいのではないか，という問題提起であったはずだ．本章は，部分的にこの議論に貢献するものであると思われる．

　とっかかりは，「量的なものの質的決定」である．

2　量的なものの質的決定

　社会科学者(特に社会学者)が扱う量的データは，その多くがカテゴリカル・データである．カテゴリカル・データとは，性別，学歴，職業，家族構成など，変数に含まれる値(たとえば無配偶／有配偶)の量的比較が意味を持たないデータである．こういったデータにおいてわかりやすく現れるが，質問紙を用いた調査観察によって作られるデータは〈人々の概念〉と強く連関している．つまり，「無配偶／有配偶」のデータを作成することは，対象となる人々がそれについて理解していることを前提としており，こういった理解に基づいて分析者は「2018 年における日本在住者の 20 歳台の有配偶率は△ % である」といった算出を行う．

　では，人々はどうやってカテゴリーに関する判断をしているのか

---

2)　もっとも，これは計量社会学者が執筆する「社会調査法」のテキストの問題でもある．因果を検討するうえで欠かせない実験の手法を視野に入れたテキストはあまり多くない(例外として，轟ほか(2021)など)．そのため，社会学分野で実験(サーベイ実験，自然実験を含む)の手法を用いようとすれば，その考え方を一から説明しなければならない．

といえば，それはカテゴリーに関する「質的」な理解に依拠している．つまり，私たちは何らかの計量的な計算の結果，自分に当てはまるカテゴリーを導いているわけではない．この質的な理解は社会構造と再帰的な関係にあるので，社会が異質であればカテゴリーも変質し，またカテゴリーが(たとえ外来的にであろうと)導入されれば，それは社会を作り変えていくこともある．欧米社会におけるように非法律婚(同棲)が一般化すれば，従来の無配偶／有配偶の 2 項カテゴリーは失効するし，日本においても調査における内縁や事実婚の扱いは現場レベルでは常に気にされてきた．社会調査におけるカテゴリーも，対象とこういった再帰的な関係にある．

　対象者だけではなく観察者である研究者も，量的データの作成において質的判断を行う．第 2 章で示した職業カテゴリーのアフターコーディングの例におけるように，自由記述のコードは，最終的には(調査者の)質的判断を根拠に決定される．このことはもっと強調されて良い．官庁統計を含めると，私たちの社会には膨大な量の調査観察データ(その多くは関係モデルによって構造化されている)が蓄積されている．これらに含まれる数値は，調査対象者や調査実施者の質的判断に依拠しており，その判断で参照されるのは，学術的な理解ではなく，多くの場合日常的な理解である．

　このように量的調査とその分析は，実際の対象あるいは対象者の概念理解を参照しつつ実施される．プリコードされた選択肢をみて回答者が○を付ける場合でも，回答者はある程度社会通念に照らして質的に判断しているはずだ．生年や年収といった最初から数量化されたデータを除けば，数量データとして集計されるカテゴリーの決定は，こういった質的判断を蓄積した結果として得られるものなのである．

このことは，人間の判断をある程度 AI がシミュレートできるという事実にもみてとれる．スパムメールのフィルタリングに使われている教師あり機械学習でも，非構造化データを構造化(コード化)するディープラーニングでも，そのプロセスは隅々まで説明できるようなものではない．そしてこれは人間の判断でも同じことである．ある画像が犬か猫か，自分が有配偶者かそうでないか，「中流」かそうでないかなど，私たちは実はかなり説明しにくい複合的な判断をしているのである[3]．

量の決定は多くの場合，質的判断に依存しているのみならず，「解像度」という観点からいえば，基本的に質的データの方がそれが高い(きめ細かい)ことのほうが多い．このため，「コード化されたデータではリアリティをとらえきれない」という感覚を私たちはよく経験する．ディープラーニングといった AI によるデータ解析を用いるのでなければ，統計分析はコード化されたデータを必要とする．そのため調査者は，最初からコード化された(プリコード化された)設問を用いて判断を回答者に委ねるか，自由回答のアフターコーディングを増やして，コード化は分析者に任せるか，という選択を迫られる．多くの場合後者はデータ作成コストの増加につながるので前者が好まれるのだろうが，前者には「回答者に任せる」という判断を尊重するという意味もある．

たとえば，しばしば量的家族調査で「配偶関係」を尋ねるとき，

---

3)　この人間のカテゴリー判断のあいまいさこそが，エキスパートシステムといった旧タイプの AI が結局普及しなかったひとつの理由であろう．私たちの日常のカテゴリー判断が，分析的に説明できるのならば，それをシミュレートする計算機は完璧な自動分類を成し遂げる．しかしそれができなかったからこそ，「理解」をスキップできる予測モデルが支配的になってきているのである．

「非法律婚」「内縁」「事実婚」といった言葉を用いずに，回答者に「結婚しているかどうか」の判断をまかせる，という方策をとる場合があった．結婚についての生活実態はさまざまで，そこまで解像度の高い情報を調査票経由で観察することは難しい．法律婚でも「籍だけ」で結婚生活の実態がない場合もあるし，非法律婚でも平均的法律婚以上に結婚生活としての実績を伴う場合もある．結婚生活の実態については回答者と分析者のあいだで情報の非対称性があり，通常は前者のほうが「よく知っている」とみなされる．分析者の目的が「法律婚の有無」にある場合は別だが，結婚という生活実態があるかどうかに関心がある場合には，「よく知っている」ほうに判断させたほうがよいだろう．

3　解像度と比較のジレンマ

　被観察者の方が観察者＝研究者よりも「よく知っている」というこの関係は，章の冒頭で紹介した科学者と科学哲学者との関係とは逆の関係である．すなわち，科学哲学者に言わせてみれば，科学者が「本当に」何をしているのかは，観察者たる科学哲学者の方が「知っている」．個々の科学者が反証主義に沿って研究実践を行っているように見えても，実際には科学の知の更新は反証主義では説明できないはずですよ，というわけである．

　もちろんこれは，「知っている」という概念の多義性の反映にすぎない．対象のほうが「よく知っている」というこの考え方を，ある意味で究極まで突き詰めようとしているのが，社会学の方法の一つであるエスノメソドロジーである．エスノメソドロジーとは，その名のとおり「人々の方法の学」であり，物事の理解は専門家が理解する前に対象者がすでに持っており，学術的に確立された概念で

94

対象を記述するのではなく，まずは人々の理解を記述してみせることが重要だ，という立場をとる．ただ，この場合の「対象者のほうがよく知っている」というのは，何らかの問題や説明すべき論点について，必ずしも対象者のほうが「きちんと説明できる」ということではない．エスノメソドロジーにとって肝要なのは，対象者が実際に参照している規則や概念とは異質のもの(たとえば何らかの外的理論から引き出された学術的な規則や概念)を「密輸入」したり，「天下り」式に安易に適用したりしない，ということである[4]．

　もちろん，前章の終わりの方で触れたように，対象自身の理解や概念と距離をとって，外在的に導入した理論を用いた方が，結果として高い説明力や予測力を持つこともあるだろう．特に(マクロ経済など)社会全体の動きについてはこのことが当てはまる．本章の議論は，研究者が用いるデータにおける質と量の問題についてのものであるため，焦点を人々の行為や状態の観察に限っている．このような場合，「天下り」式の方法は避けられ，反照戦略はあくまで対象から専門家へと向いた情報の流れを尊重することになる．

　「コード」に関する反照戦略を比較的短いスパンで遂行しようとする方法の一つが，混合研究法(mixed-methods research)である．混合研究法が実践された多くの研究においては，上で述べてきたようなコード(プリコード)の妥当性の検討が質的に，厚みのある議論を通じて行われる(抱井 2015, 98)．

　こういった研究に共通している見方は，質的判断の方が常に「きめ細かい」見方をする，という想定である．そうすると，数量化

---

　4)　エスノメソドロジーの考え方については前田ほか(2007)を，エスノメソドロジーと関連が深い概念分析の方法については，酒井泰斗ほか(2009)などを参照してほしい．

(コード化)による解像度の劣化は，広く共通した枠組みで代表性のある調査観察をし，そして数量データに対してしか適用されない統計学的分析をするために必要な「コスト」だ，ということになる．

ただ，急いで留保すべき点もある．解像度は，いかなる場合にも高ければよいというわけではない．

「統計分析に向けてコード化すれば情報の解像度が下がる」というのは，基本的に正しい見方だと思われる．調査票設計の現場にいる研究者にしてみれば，「この(単純な)選択肢で何が分かるのか」と疑問に感じることも多々ありながら，対象者の回答負担やデータ取得後の分析の便宜性を優先して，ある程度妥協して粗いプリコーディングを行っているはずである．これらは，広い意味でコストの問題であると言える．

しかし，解像度の高いコード化にはコスト問題とは別の，より本質的な問題もある．懸念されるのは，対象の多様性である．ある特定の対象者だけを観察するのであれば，きめ細かいプリコードが可能だろう．しかし別の対象者のことを考えれば，そのプリコードは見当外れになるかもしれない．写真を撮るときに，ある対象に焦点を合わせれば，たしかにその対象については高精細の情報が得られるが，別の対象についてはそうではない．これと同じことが調査観察でも生じる．

たとえば「就労と子ども」の関係をみるとき，「1人目／2人目の子ども(実子)が3歳になったときに仕事をしていたかどうか」を調査票で尋ねるとしよう．これは量的調査では比較的解像度が高いたぐいの設問である．しかしこの高解像度化は，たとえば離婚などで実子と離れて暮らしている場合にはあまり意味がない．他方で，子どもとの関係がある程度複雑な人に合わせて調査設計をしたとす

れば，それは「標準的」な生活を送ってきた人にとってはピント外れになる．ある程度は分岐や関連情報の観察を増やすことで対応可能だが，調査対象者の負担を増やしてしまうなどの限界もある．

　解像度が高い情報が，人々の多様な生活実態の一部に焦点を当てて観察をして得られる情報であるとすれば，いくら選択肢について事前に厚みのある検討をしても，あらゆる人間に適用可能な精細なコードが得られるわけではない，ということである．なぜならそれ（「あらゆる人間に適用可能な精細なコード」）は定義矛盾だからだ．混合研究法が「医療・看護」といった限定された文脈で多用されるのに，もう少し広い社会の多様性や変化を捉えようとする社会学の計量研究においてそれほど注目を集めないのは，このことの反映であろう．

　実際，間・通社会的な比較を行ううえで，前章で述べたように詳細なコードが役に立つこともある．しかし特定のカテゴリーに当てはまる集団を「同じ」集団として解釈できるかといえばそうでもない．つまり，社会の記述には貢献するかもしれないが，因果分析の統制において均質化を行う手段としては，役に立たないこともある．

　たとえば「本人が30歳台男性で4年制大学卒，大企業のホワイトカラーで部下有り，父親も4年制大学卒」という集団の記述は，もとのデータがそれなりの詳細なコードを含まなければ不可能である．こういった層が全体としてどれほど増加してきているのか／ある社会で多くて別の社会で少ないのかということも，解像度の高いデータでないと記述不可能である．

　しかし，上述の集団に限ってみたときの，時代による価値観や態度の変化，たとえば「政府による所得再分配への支持度合い」を

比較しようとしても，その結果にどれほどの意味があるのかは疑わしい．というのは，社会(時代)の異質性が高ければ，上述の集団は社会(時代)を通じて均質であるとは限らないからである．実際1960 年代においては，「本人が 30 歳台男性で 4 年制大学卒，大企業のホワイトカラーで部下有り，父親も 4 年制大学卒」というのは，進学率や産業化の度合いからして極めて少数派であった．しかし 2010 年代ではそれほど珍しくもないであろう．したがって「同じ」カテゴリーの集団であっても，全体社会の位置づけがまったく異なる．わかりやすい例を追加すれば，「80 歳台の人々の価値観」について，100 年の変化を見ることにどれほどの意味があるだろうか，ということである．

　ここでクワインの全体論の主張を振り返っておこう．部分の意味は，全体に含まれるその他の部分との関連において決まるのであった．したがって社会(全体)が変われば，部分の意味も変わる．先程の例で言えば，「本人が 30 歳台男性で 4 年制大学卒，大企業のホワイトカラーで部下有り，父親も 4 年制大学卒」といった層の分布の変化について記述すること(それがかつては少数派だったが，今では多数派である，など)は，社会の異質性を説明することであるので，意味はある．しかし同じカテゴリーにあてはまる個体は，かつてと現在では内実が異なる．したがって特定の変数を固定＝統制して他の変数の動きを見るという因果的な分析は，社会の異質性が大きい場合には難しい．

　次に，変化ではなく同時代比較の例を挙げておこう．比較福祉国家論において生活保障体制の比較を行いたいとしよう．1970 年代までは，西側の資本主義体制国家は堅調な経済成長のもとでの安定した雇用が生活保障となっていた．経済成長が鈍化した 1980 年代

以降は，エスピン–アンデルセンが描いているように，資本主義国家は経済・社会保障政策において目立った分岐を見せるようになった(Esping-Andersen 1996＝2003)．エスピン–アンデルセンはこの分岐を3つのパターンによって説明した．すでに紹介した「福祉資本主義の3つの世界」の分類とほぼ重なるが，強調点は多少異なる．主に女性を対象とした公的雇用を拡充し，労働力とユニバーサルな社会保障体制の維持を図る「スカンディナヴィア・ルート」(スウェーデンが代表例)，早期退職・年金制度等によって中高年男性の労働力からの離脱を促し，若年層の雇用を確保しようとした「労働力縮小ルート」(ドイツが代表例)，そして自由化・民営化により経済と労働市場の活性化を図る「ネオリベラル・ルート」(アメリカが代表例)である．

　エスピン–アンデルセンのレジーム論や「分岐」モデルは，代表例として挙げられたアメリカ，ドイツ，スウェーデン以外の国が「どのレジームに入るのか」という論争を生み出した．日本についても例外ではない．エスピン–アンデルセン自身は，日本は保守主義と自由主義のハイブリッドだと論じた(Esping-Andersen 1990＝2001)．しかしその後の日本国内の福祉国家の議論では，日本型福祉国家として，「企業と家族による福祉」のモデルとして定式化されることが多くなった．すなわち，個々の企業が男性に安定した雇用を提供し，その配偶者である妻が家庭において家事やケアを担当することで生活保障を行う，というモデルである．

　日本型の生活保障を高精細に説明するためには，企業による雇用保障の記述が必要である．大企業は内部労働市場を発達させることで組織内の労働力調整を行い，働き手はその代わりに頻繁な配置転換・転勤と慢性的な長時間労働を引き受ける(Tsutsui 2019)．中小

企業は雇用調整のために内部労働市場を活用することが難しいため，政府が低利融資や助成金，大資本の参入規制，公共事業等を行うことで雇用を安定化させる．直接的な公的生活保障は残余的であり，あくまで雇用を通じて生活保障を行おうとするため，余裕のない企業でも雇用を維持することになり，労働環境は劣悪になる傾向がある．

　こういった日本型福祉体制を詳細に記述するための概念，たとえば内部労働市場や配置転換といった概念は，日本社会を説明する際には有用であるものの，エスピン–アンデルセンが描いた他の社会の仕組みを記述する際にはほとんど役に立たない．したがって比較福祉国家論のために準備された代表的な数量的指標——福祉レジーム論の場合には脱商品化や階層化の指標——も，一定の地域の福祉体制の比較には有効であっても，日本社会の記述においては目が粗くピント外れなものになる．

4　比較と因果効果分析

　比較福祉国家論や社会保障論の分野において，量的データの分析が論述の前面に出る研究が主導的な役割を持たず，むしろ制度の定性的な記述のなかに断片的に数量データが持ち込まれるタイプの研究が多いのは，上述のようなジレンマがその背景にある．

　他方で，こういった比較の難しさは，先程少し触れたように因果効果の分析の困難にも波及する．例として，男性の職業について，父の学歴や職業を統制（均質化）して，ここ50年の本人学歴が職業達成に対して持つ「効果」をみる分析をしてみるとしよう．まず職業を社会的地位達成の指標としてみるのならば，何歳時点の職業かを考える必要がある．現在では，おそらく50歳台後半が「到達

点」に近いだろう．しかしこれは50年前でも同じだろうか．平均
余命の変化もあり，年齢を統制する意図で50歳台後半に固定した
場合，サンプルセレクションがかかる(余命が長い者だけが観察範囲に
入る)可能性がある．これを避けるために40歳台後半にそろえたと
すれば，今度はそれは現在の到達点の指標としては不適切になるか
もしれない．時代ごとに対象となる年齢を変えると，今度は未観察
のさまざまな要因も同時に変化してしまう．「かつての40歳台と
現在の50歳台は同質であるとみなす」のならば，歴史の自然実験
のケースと同様に，その判断を支持するための定性的記述が必要に
なるだろう．

　さらに，父親の学歴や職業を統制する(=時代ごとに父の学歴・職業
分布が同じになるように加重をかけて計算する)場合，先程の「カテゴ
リーの意味・位置づけの違い」を増幅してしまう可能性がある．た
とえば，50年前に「大卒ホワイトカラー」の父を持つ対象者が全
体の5％で，現在は60％であるとしよう．50年前のこの集団は，
かなりの上位層であり，この2つの集団の全体のなかでの位置づ
け・意味はきわめて異質である．にもかかわらず，これを「どちら
も同じ分布であるとして計算しよう」とするなら，異質なものを表
面上だけそろえてしまっているだけである．

　要するにこういうことだ．異質な社会において何かの因果効果を
明らかにしようとしても，できることはかなり限られている．ネズ
ミにおいて効果が認められた薬品の処置が人間において認められる
かもしれないと予測できるのは，その処置に関してネズミと人間が
——たとえば同じ哺乳類として——同質であるという想定が可能で
あるからだ．しかし(これは極論だが)ネズミと人間に対して同じ算
数学習の処置効果が認められるかということを考えることは意味を

なさない.

当然であるが，学級規模の因果効果研究が間・通社会的比較〈によって〉行われることはない．自然実験であれば，因果分析は均質な個体の一部に生じた区別／分断を利用したものであるべきだ．したがって，異質性が高い間・通社会的比較の研究において因果分析を行うことは，いくら観察された変数によって「統制」ができるようにみえたとしても，根本的に難しいのである[5].

5 粗いコードと距離化戦略

解像度の高いデータを使えば，より詳細な記述ができる．しかし，カテゴリーが詳細であればあるほど，全体のなかでの意味が異なってくるため，統制が実質的に難しく，異質な社会が含まれるデータのなかで因果分析を行うことにはより強い条件が必要となる．概して，同一の社会の中(within)のデータの分析である方が，因果分析をする条件がそろいやすいのである．

ただ，以上の説明だけであれば，間・通社会的な比較をする数量データの必要性が説明されない．というのは，それぞれの社会(たとえば「イギリス地方都市の労働者の生活実態」)について解像度の高い情報が必要なら，質的調査のほうが適しているからである．社会学

---

5) ここでは，個体の意味が全体との反照関係において決まるということを述べている．これは，統計的因果推論の条件とされる SUTVA (Stable Unit Treatment Value Assumption)違反とよく似たロジックとして理解することも可能であろう．SUTVA は，ある個体(unit)に対する処置(treatment)の効果が，他の個体に対する処置と関係なく一定(stable)であるという条件だが(Morgan & Winship 2014)，ここでの説明に当てはめると，unit への処置の意味が全体との反照関係において決まるため，(自然実験の語彙を使えば)首尾よく分断デザインが適用できないということだ.

のフィールドワーク調査は，こういった特定の社会や集団について
の精細な情報の宝庫である．異質な社会を含むデータにおいて量的
な記述を行う場合，どうしても低い解像度においてそれを行う必要
がある．

　先に紹介した計量モノグラフのように，「粗い網の目」で計量的
に社会を記述することは，質的研究において典型的に実現可能な
反照戦略からいったん離れ，距離化の戦略をとることを意味してい
る．しかし，このことでみえてくることは実に多いし，それによっ
て得られた知見はしばしば反照的に対象の行動を形成する．そもそ
も統計の目的は社会の記述にある．総人口から始まって出生率や死
亡率などの人口動態統計，各種経済統計などを通じて，特定の社会
の全体としての特徴を把握することは，多少解像度が粗くても全体
の舵取りをするうえでの必須の前提知識となるものであった．

　たとえば「死因」の統計というのは，医師による死因の質的な
判断の蓄積であるが，この判断のブレはかなり大きいと思われる．
というのは，死因について考えるのは「結果の(諸)原因(causes of
effects)」について考えることであって，統計的因果推論が追究す
る「原因の効果(effects of causes)」について考えるほど明確になら
ないからである．基礎疾患を抱えている人がインフルエンザにかか
って重症化して亡くなったとき，直接の死因はインフルエンザ(ウ
イルス感染症)であろう．しかし基礎疾患がなければその人は死なな
かったのなら，基礎疾患もまた原因になる．このような判断の複雑
さを大幅に単純化したのが死因統計であるので，その情報の解像度
は決して高いとは言えない．死因統計は，いわばデータサイズを不
可逆圧縮した解像度の低い画像のようなもので，そこから個々の人
が死に至る状況を遡って復元することはできない．

　それでも，死因の長期統計や比較統計をみることで，大きな社会の変化や特徴を捕まえることは可能である．疫学でいう「疾病構造の転換」，つまり主な死因が感染症から生活習慣病に変化したということも，解像度が低いながら長期にわたる統計が存在するからこそ明らかになったことである[6]．

　もう一つ例をあげよう．「世帯」についての最も目の粗い情報といえば，世帯のサイズ(人数)であろう．もちろん，より解像度の高い情報，つまり世帯人員の構成が分かれば，より詳細な記述が可能である．たとえば大正期においては，数パーセントの世帯で使用人(職業使用人と家事使用人)が世帯に含まれていた．こういった情報がなければ，世帯について誤って(たとえば使用人が複数住み込んでいる世帯を「大家族」世帯として)記述してしまいかねない[7]．とはいえ，世帯のサイズの統計だけでも分かることはいくつもある．1970年代以降に3〜4人の世帯が増えたのは，核家族の増加によるものだと記述可能である．なぜなら使用人がこの時期ほとんどいなくなっていたことが知られているからだ．

　そして，そもそも社会を記述すること自体が，抽象モデルの活用とは違った意味での距離化戦略という側面を持っている．距離化戦略を，「いったん人々の理解・リアリティから離れてみることによって，あらたな知見を発見する」こととして理解するのなら，統

---

　6)　2020年初頭からパンデミックを引き起こした新型コロナウイルスも，(単年であれば地域によっては無視できないにせよ)長期的には死因の——生活習慣病から感染症への——構造転換を引き起こしたとまでは言えないだろう．

　7)　他方で，使用人と家族との概念的区別も，実は時代や社会によって異質であることにも留意すべきであろう．家(世帯)がはっきりと経済単位であった前近代の時代においては，使用人(奉公人)がその家の血縁上の子どもと同列に扱われることも珍しくなかった(姫岡 2008, 19)．

計データによる社会記述は距離化戦略のひとつである．抽象モデル
による知見の発見が「理屈で考えてみるとこうなるはずだ」という
考え方であるとすれば，統計による知見の発見は「視点を遠くに引
いてみると見えてくるものがあるかもしれない」という考え方であ
る．

　「目は粗いがカバー範囲が広い」統計の効力は決して見くびるべ
きではない．納税データを使って資産の超長期統計を描いてみせた
経済学者のトマ・ピケティは，日常の経済活動においては埋もれが
ちな「資本」というものの存在感について，新たな知見をもたらし
た(Piketty 2013=2014)．

　統計データによる距離化戦略は，人口統計や経済統計のように社
会全体の動きを知るということ以外にも，デュルケムが自殺統計
(Durkheim 1960=1985)でやってみせたように「普通に生活してい
てははっきり気づくことができない関係性」を発見する際にも有
効である．計量社会学では，因果分析においては均質化＝統制のた
めに用いられるデモグラフィックデータを説明要因として用いる
(筒井 2017)．デモグラフィックデータ(要因)とは，性別，年齢，学
歴などの個人内で変化しにくい情報のことを指している．宗教の宗
派もそのうちの一つである[8]．デュルケムは，カトリック信者とプ
ロテスタント信者では自殺率が異なるという統計データをもとにし
て，自殺の主観的理由を問うことからは必ずしも明らかにならない

---

　8)　デュルケムの自殺統計の分析を因果推論的にみることも可能であろうが
(実際デュルケムは「均質化」のためのいくつかの限定を行っている)，宗派を薬
の処方や政策プログラムと同等に「処置」として考えるためにはいくつかの条件
をクリアしなくてはならない．この点(典型的には「性別の因果効果」に意味は
あるか，という問い)は統計的因果推論でも立場が分かれているため，本書では
追究しない．

関係性があることを突き止めたのである.

　統計的社会記述において提示される「傾向」「関係」といった語彙は, 日常言語における「理由」「原因」と距離を起きつつ, それらとつながっている. 構造化理論に触れた箇所で説明したが, 人間社会の場合, 対象についての知見が対象そのものを形作る度合い(再帰性 ≒ 反照性)[9]が強い. 性別によってさまざまな格差があるという調査統計は, メディア等を通じて人々の認識に影響し, それにより対象が変化するきっかけとなる. 1980 年代から国際的規模で急速に進んだ「ジェンダーの主流化」が良い例である. これまでジェンダー概念が参照されることが少なかったさまざまな場面において, ジェンダーの不平等が問題にされるようになったが, この動きを下支えしているのが, 国連の GEM (ジェンダー・エンパワーメント指数)や世界経済フォーラムの GGI (ジェンダーギャップ指数)など, 各種のジェンダー格差関連統計である. こういった指標は, 社会を比較するデータとしては非常に目が粗いものではあるが, それでも社会変革のための影響力を持っている.

　対象から距離をとった統計的社会記述が対象に大きく還流する場合, やはり社会記述が示した傾向性・関係性が対象の性質をある程度言い当てていたから, とみることもできるだろう. ジェンダー統計が男女格差の再確認によって社会を変えていったように, 統計によって提示された知見が, 人々のあいだで「言われてみればそうだ」という感覚を刺激したということである. ただ, 知識の影響力

---

　9) これまで反照性と再帰性という類似の概念を両方用いてきたが, 意味はほぼ同じである. ただ, どちらかといえば, 対象自身の理解とその観察者の理解との往復関係が強調されるときは反照性, 規定関係が強調されるときは再帰性, という言葉を使っている.

の問題は常に面倒な論点を引きずってきた．「プロパガンダ」「世論誘導」という言葉があるように，事実と乖離した社会認識が人々を特定の方向に動かすこともあり得ることは，伝統的なメディアの効果研究の知見が指摘してきたとおりである．ここではこの問題にあまり踏み込まないが，プロパガンダは多くの場合，対象が直接的に関わらない，あるいは実感できない出来事や体験を題材とする．戦争において情報を選択的に流して世論誘導を図ったり，経済政策の効果を正当化するために偏った(あるいは操作した)経済統計を用いたり，といった場合である．バブル経済期前後に日本でも盛んになった「消費社会論」では，イメージを多用した宣伝の欲望形成効果が強調された．

　ただ，学術的な記述は，統計プロセス(調査観察・集計・分析)が客観的——一定程度公開され，かつ属人性が小さい——であることが目指され，またその情報公開の商業性が抑制されている点において，プロパガンダや宣伝とは異なった再帰性の土台となりうる．2019年に社会問題となった統計不正についてもそうであったが，客観性が要請されるはずの経済統計の不備・不正は，起こりうるがその分，発覚した場合に強く糾弾される．それに，ニクラス・ルーマンの言葉を使えば，知識における客観性(真実)はその知識が流通するためのメディアの価値であり，それが失われていると認識されてしまうと，その知識は世の中に還流することができなくなるか，あるいはできたとしても「インフレ」状態になる．その知識を誰も信用しないからだ．

　これまでの本章の内容をまとめてみよう．

　計量研究が扱うデータは，特にカテゴリカル・データについて，人々の質的判断に依拠してコード化されている．特に計量社会学

は，変化し，かつ多様な社会の実態に応じて，有効なカテゴリーを使い分けてきた．ただ人々の質的理解，あるいはそれを記述する質的研究は，基本的に計量分析で用いられるデータよりもきめ細かい，解像度の高いものであり，この点では，計量社会学者がいくら人々の理解に沿ったカテゴリーを構築しても，それは「目の粗い」ものになりがちである．したがって計量社会学における社会の記述は，その意味で距離化戦略に基づいたものでもある．

　ただ，データが高解像度であれば変化や比較が容易になる，というわけでもない．確かに解像度の高い精細なコードを含むデータがあれば，それだけ詳細な社会の特徴や変化の記述ができる．しかし特定の社会(時代)を高精細に記述できるカテゴリー群は，その他の社会(時代)の記述に向いていないことがある．概念は全体と再帰的関係にあり，名称が同じでも，それ自体で同一の意味を保持し続けるわけではないからである．

　したがって因果分析における統制の目的でデータを用いる際にも，かなりの制約が生じることになる．名目上で特定のカテゴリーを「均質」にしたところで，実際にそうなっているとは限らないからである．他方で計量モノグラフ的研究において，社会の全体的な変化を記述したり，比較したりする際には，多少なりとも目の粗い情報を用いた距離化戦略で行うことになる．

　本章では，社会学における典型的な質的研究の位置づけについては十分に触れられなかった．こちらは，反照戦略の有用性についての次章の議論において振り返ることにしよう．

第4章

……………………………………………………………

知識の妥当性・実用性

1　距離化戦略と反照戦略（再び）

　この章では，残された論点のうち重要度が高いと思われるものを
とりあげて論じていこう．

　第1章の終わりのところで，同質性・斉一性という概念に触れ
た．ここで同一性・斉一性という概念が，距離化戦略とどのように
結びつくのかについて簡単にまとめておこう．自然現象において
よく見られる斉一性という性質が研究対象に備わっている場合，あ
るいはそれを強く想定できる場合，標準科学的な距離化戦略の有
効性が高まる．自然現象の斉一性がある場合，そこに潜む法則性
を見出しやすい．複数の要素が絡み合う現象においても，要素の
タイプが限られており再現性も高いため，数理的なモデルによる
演繹が働く余地が出てくる．たとえば「圧力・温度・体積」という
3つの要素の関係を，数式という，解釈の余地がほとんどないモデ
ルによって表す「ボイル・シャルルの法則」などを思い出してみよ
う．

　これと逆に，気象・気候変動のような斉一性が想定しにくい現象
を扱う場合，一種の反照戦略がとられる余地が出てくる．気象現象
は，たしかにそれに関連する個々の法則については斉一性が想定さ

れるだろうが(たとえば飽和水蒸気圧と温度の関係)，個体特性が強い地理的条件など，多様性に富んだ条件の絡み合いがあるため，予測は確率とともに提示され，しかもその推論には演繹の要素があまり含まれない．むしろ大量観察データをもとにした統計的推論が幅を利かせている．

　多くの学術的研究は，この 2 つの「セット」の中間に位置づけられる．ここで強調しておきたいのは，これは自然科学と社会科学を横断したグラデーションなのであって，「自然科学が斉一性を想定した距離化戦略で，社会科学はその反対」というわけではないということだ．自然科学でも現象の斉一性を想定できない分野があり，そういった分野では演繹や実験，因果推論といった手法の比重が小さくなる．社会科学でも斉一性が想定される場合(心理学や経済学ではそうであろう)，演繹的推論や実験，因果推論の比重が高くなる．

　このような見方をとれば，自然科学と社会科学について，次のような考えだけを出発点に据えることはミスリーディングであろう．すなわち，先に確立した自然科学の強い影響力のもとで，社会科学も標準科学の方法(=距離化戦略)を取り入れたのだ，という考え方である．もちろんこういった考え方が徹頭徹尾間違っている，というわけではない．ただ，ここでは先の言明を次のように言い換えてみたい．すなわち，自然科学の方法が優れているので社会科学にもそれを取り入れなければならないという考え方をしている分だけ，方法のミスマッチが生じているかもしれない，ということである．

　このミスマッチはおそらく，もっぱら距離化戦略を取り入れようとする社会科学側の問題である．というのは，自然科学のなかでは，演繹・実験・因果推論といった標準的方法があまり用いられな

い分野において，それでもこういった方法を——無理してでも——用いよう，ということはあまりないのではないか，と思われるからである．たとえば生態学や気象予報において実験が（周辺的ではなく）主軸的方法に躍り出ることは考えにくい．異質性・一回性の強いパターンの観察と予測では，実験の妥当性がどうしても下がってしまうということが理解されており，かつ自然科学であることが自明であるため，「自然科学を範にとらなければ」という思いもないからである．

　他方で，社会科学において，このように対象の性質と方法の選択との妥当なマッチングが常にあるのかどうかについては，相当に議論の余地がある．本書の立場からすれば，対象や課題の性質に応じて有効な戦略が選択されるべきなのであって，どちらかの戦略が「優れている」からどんな対象や課題にでも適用されるべきだ，と考えることはできない．しかし科学といえば基本的には自然科学が意味されるという概念的な規範の力が働くため，特定の方法を対象の性質からではなく，「優れている」から採用する，というケースが実際に見られるのだと思われる．

　方法の特性の理解が十分に進まないまま，その方法が取り入れられ，また普及してしまうことはむしろよくあることだ．その一例が「回帰分析」である．主に計量経済学の分野で発達した古典的回帰分析は，特定の（ごく恵まれた）条件のもとでしか妥当な結果をもたらさない．この条件については多数の研究がなされてきたものの，実際には回帰分析は十分な留保がないまま「乱用」されてきたという歴史がある（Morgan & Winship 2014）．マッチングや傾向スコア分析といった統計的因果推論の枠組みは，間違った方法の乱用への反省という背景のなかで急速に浸透していった．

「優れている」と認知された方法が，その特性の理解が十分に進まないまま支配的になっていくパターンは，統計的因果推論にも例外なく当てはまる．マッチングや傾向スコア分析は，あくまで観察された要因について，「処置群」と「統制群」を均質化するための数理的手続きである．したがって回帰分析の条件のなかでは，妥当な特定化(specification)の条件に対する違反について有効な対抗手段である．この限界のゆえに，研究者は操作変数や自然実験の発見をより高位の目標に置くのである．

ただ，特に社会科学においては，データの生成とその分析が理路整然とマッチした状態で進んできたわけではない．多くの研究者が最初から(社会記述ではなく)厳密な因果推論を志向していたのなら，社会科学においてすでに制度化されたといってよい調査観察とそのデータの蓄積(アーカイブ)が確立されることはなかったであろう．というのは，いくら関係モデルのデータが多種の情報を格納できるといっても，操作変数が既存の観察データのなかに都合よく見つかるとは限らないため，因果推論を重視する研究者はむしろそのつど小規模で設問数が限られた調査観察を好むはずだからだ．自然実験にいたっては，そのデータの生成は既存の調査観察制度の枠外にあるといっても過言ではない．

それでも，データアーカイブ制度を通じて研究者が大量に手にすることができるようになった出来合いの調査観察データを活かそうと思えば，回帰分析に近いマッチングや傾向スコアといった手法を用いざるを得ない．なかにはその限界をはっきりと意識しないまま，「因果効果」を論じているような研究も出てくるだろう．

さらに自然実験についても，まだ十分にその特性と限界が理解されていないように思える．すでに詳細に書いてきたように，自然実

験における処置群と統制群が均質であるということを示すために
は，一定の質的な記述が必要になることがある．これは，本書でい
う「量的なものの質的決定」の一つの例である．また，特に歴史に
おける自然実験においてあてはまることだが，特定の歴史的状況に
おいて測定された因果効果が，別の状況においてあてはまるかどう
かを示すことは非常に難しい．歴史的状況は多数の要因の絡み合い
により強い一回性(ユニークさ)を帯びるからである．要するに，斉
一性が期待できない対象に対して標準科学的なアプローチを用いる
ことの妥当性について，それほど考察・配慮が進んでいないのでは
ないか，ということである．

　本書における論点は，実験結果の外的妥当性といった，これまで
に十分に考察が重ねられてきた議論とは少し違う，ということに注
意しよう．外的妥当性は，研究対象と適用対象の同質性についての
議論を含む．実験で示された効果について，同質性が外的妥当性を
保証してくれるかどうか，というのが問いである．他方で本書の論
点は，同質性と異質性という対象の性質に応じて，妥当な知識のあ
り方も変わってくるだろう，ということである．その知識の産出の
あり方というのが，距離化戦略と反照戦略である．

2　意味と反照性

　ただ，まだ十分に触れていない重要な論点がいくつかある．ひと
つは，第2章で提示した計量モデルの分類に関する点である．そ
こで示した表を再掲しよう(表4.1)．

　第2章では，社会学の反照戦略に適したのは要約モデルである，
ということを論じた．他方で，演繹的理論構築・仮説検証という距
離化戦略と予測モデルとの相性が良いかと言えば，そうではないこ

表 4.1　計量分析の各モデルの特性(再掲)

	要約モデル	予測モデル	因果モデル
適合性／均質化	適合性	適合性	均質化
意味理解	必要	不要	不要

ともあるだろう.

　表で示したモデルの分類のほか, 計量分析にはよく受け入れられている, ある分類法がある. それは, 探索(exploratory)モデルと確証(confirmatory)モデルである. 距離化戦略が優勢な経済学では探索モデルはあまり活用されないが, 心理学では発達している. 因子分析が好例である. 因子分析は, 多数の同型的な観察データから, その背後にあると思われるより少数の要素を抽出するための方法であって特定の要因の効果が認められるかどうかを確証(検証)するような方法ではない.

　この「探索／確証」という分類法は, 表で示した3カテゴリーの分類法とうまく嚙み合わない. 少なくとも心理学研究者が行う因子分析では, その材料となる情報も, 抽出される要因も, いずれも意味的に解釈可能なものである必要がある. というのは, それは人間の心理の状態を説明するためのモデルであるからだ. 他方で因子分析は, 探索的であるという点では, 雑多な非構造化データから構造化された情報を抽出する深層学習モデルとよく似ている. つまり予測モデル的な性質も持っている.

　社会学における代表的な要約モデルのひとつであるログリニア・モデルやアソシエーション・モデルは, 必ずしも仮説検証型ではないかもしれないが, はっきりと確証モデルである. ログリニア・モデルにおいては, 高次元分割表における要因間の関係が, BIC(ベ

イズ情報量基準）などの倹約基準によって選択され，また（要因間の関連を想定しない）独立モデルを含むモデル間の尤度によって検定される．

　以上のように，3 カテゴリー分類は「探索／確証」などの他の分類よりも上位の優れた分類方法である，というわけではない．それでもこの分類に沿って議論を進めてきたのは，反照戦略をとる学問における要約モデルの特性を理解し，その位置を確保しておきたかったからである．すなわち，数量データによる記述的な要約は，決して因果推論モデルの前準備として予備的に行うようなものだけではない，ということである．

　ただし，対象についての意味的な理解を超えない範囲で分析を行う要約モデルでなくとも，対象と反照的な関係を持つことはある．機械学習は，それこそ構造化されたデータとの無数の往復プロセスから予測モデルを構築する．その結果は意味的に理解できることもあるだろうし，できないこともあるだろう．肝心な点は，要約モデルにおいては結果が意味的に解釈できないことは分析の失敗――あるいは少なくとも未解決の課題の提示――を意味するが，予測モデルではそうではない（結果が意味的に解釈できなくとも有効性は確保できる），ということである．

　要するに，対象とその観察・分析の結果生み出される知識・情報のあいだの関係には，意味を介したものとそうではないものがある．有意味に解釈できるかどうかが対象についての知識の有効性を損なわないのが予測モデルと因果モデルだが，こういったモデルによって生み出された情報・知見は，それが社会科学であれば，やはり対象との再帰的関係に巻き込まれる．気象学においてその対象が気象であると考えた場合，気象自体が気象予報の知見を意味理解し

て行動を変えることはない．しかし対象が社会あるいは人の場合，たとえ対象についての知見が意味的に理解できないものであっても，それを知った人の行動に影響力が発生する可能性がある．

　ギデンズはかつて，社会科学の特徴を「二重の解釈学(double hermeneutic)」であると論じた(Giddens 1993＝2000)．すなわち，自然科学と違って社会科学は，人々がすでに行っている理解や説明といった意味的現象をさらに理解・説明する．そしてその説明は対象に還流し，対象を変え，形作るのである．これがまさに，対象とそれについての知の再帰性あるいは反照性である．いくら一部の自然科学が距離化戦略をとっておらず，対象についての大量観察データとの無数の交流を通じて知識を生み出すタイプのもの(非確証型でかつ非因果推論型)であっても，たしかに上述のような再帰性は，自然科学の対象とのあいだでは生じ得ない．

　ただ，これまでの本書の議論を踏まえると，意味解釈を通じた再帰性が対象とのあいだで存在しうるのかどうかを自然科学と社会科学の「線引き」だと考える枠組みは，まだ解像度が粗い[1]．というのも，社会科学は意味的に解釈できない(あるいはそれを知識の妥当性条件に課さない)知見をも生み出すし，計算機の発達や因果推論の技法の浸透により，社会科学におけるそういった知見の居場所はしっかりと確保されているからである．自然科学と異なるのは，社会科学においては，そういった意味解釈ができない知見であっても，それを知った対象が行動を変える可能性があることである．つまり，社会科学の場合，社会学におけるように学問実践のなかで対象

---

1)　盛山和夫(1988)は，社会科学を「人々の意味世界を意味的に解明・解釈する」ようなメタ解釈的な方向でとらえようとする考え方を「理解社会学」の方法論に見出し，同時にその限界を論じている．

と近い距離で意味を介した反照戦略をとるのでなくとも，それが生み出す知識が大枠の再帰性の外部にいるわけではない．

3　知識のタイプと知識の再帰的流通

　知識の性質——ここでの議論に即して言えば，それが距離化戦略で生み出されたのか，反照戦略で生み出されたのか——と，それが人々の生活に再帰的に還流していくことの関係は，決してシンプルには定式化できない．

　たしかに，演繹的に導かれる完結した理論や，実験的に確かめられた効果の場合，もちろんそれが対象に影響し，対象の一部を形作ることはあるだろうから，広義の再帰性のなかに存在することには違いがない．ただ，このような知識は対象に差し戻されたときに，その内容が反照的に再解釈されることの余地は小さいだろう．これに比べて反照戦略によって作られた知識は，その解釈面での緩さ（許容範囲の広さ）ゆえに，社会の実践的場面において活発な流通・修正をみせることもあるだろう．

　たとえば反照戦略の知がしばしば結実するモノグラフ的研究には，ジャーナル論文と違い，一見ノイズにも見えるような雑多な論考が混ざることがある．知識が流通した結果，モノグラフのどの部分が強調されるのかは，時代と地域によって柔軟に変化しうる．それこそ，マックス・ウェーバーのテキストからは，互いに矛盾するような「メッセージ」が読み取られてきた．そしてその解釈には，おそらく解釈者の置かれた時代・地域背景があったはずである．社会学において学説史研究が相対的に活発になる理由の一部はそこにある．同様に，必ずしも研究者のみに向けて書かれたわけではないモノグラフ的研究は，時代や地域，そして読み手ごとに異なった読

み方を許容する範囲が広いだろう.

　他方で, 人間を対象とした科学的知識が, 生々しい再帰性のなか
に巻き込まれることもある. 前田・西村(2018)は, 疾患に関する遺
伝学的知識の登場が, 人々の認識や行動を変化させ, またそのこと
が医学的知識を変えていく「ループ効果」(第 1 章注 9 参照)を呈する
ことを論じている.

　　たしかに, 遺伝学的リスクと結びついた人びとのさまざまなカ
　テゴリーは, ループ効果の中に置かれているといえるだろう.
　というのも, まず一方で, 遺伝学的リスクと結びついたカテゴ
　リーは, たしかに人々の経験や行為の可能性を変えていく. そ
　して, このようなカテゴリーのもとでの経験や行為の可能性を
　記述していくことが, 実際に分類の改訂に繋がっていくことも
　ある, ということである.
　　たとえば, 〔中略〕北米のハンチントン病をめぐるサポートグ
　ループの活動は, 「遺伝性疾患」であるハンチントン病を「家
　族性疾患(家族病：family disease)」として再定義することに,
　実際に繋がっていった. つまり, 発症前診断が進展していく中
　で, 遺伝子診断の「患者」という概念が「家族全体」を指すも
　のへと変わっていったことにより, 〔後略〕. (前田・西村 2018,
　12)

　もちろん, このループ効果は, 知識が「人間」や「遺伝(でつな
がった家族)」に関するものであるがゆえに生じたものである. 電
磁波に関するマクスウェル方程式が類似のループ効果を生み出すこ
とは考えにくい(当然だが, 電磁波はマクスウェル方程式を知って作動を

変えることはない）．とはいえ，医学・遺伝学的知識という距離化戦略で生み出された知識は，人々の生活との再帰的関係に埋め込まれることがある．

こういったことを確認したうえで，あらためて反照戦略をとる学問のあるべき役割を論じていこう．

4 学問の世界に反照戦略を確保する

再々になるが，確認しておく．距離化戦略とは，対象とあえて距離を取ることによって，2つのことを可能にするものである．ひとつは，あえて対象と距離を取ることで，理論(数理モデル等を活用した演繹的推論)の発見的機能を活かすことができる，という点である．ギデンズの構造化理論が示すとおり，社会は人々の個々の意思と離れた次元で，意図せざる結果として維持される，という特徴を持つ．現代社会であれば，マクロ経済が典型的である．経済不況は，誰一人としてそれを願っていなくとも訪れる．その仕組みは，マクロ経済学が描き出す数式によってある程度表現可能であった．不況の原因について，市井の人々に聞いてみたところでおそらくほとんど分かることはあるまい．人々の意思は，「期待」「選好」といったレベルで理論に部分的に組み込まれるにすぎない．

距離化戦略が可能にするもう一つのポイントは，「サイエンス」としての知識の妥当性である．サイエンスの2つのエンジンは，演繹的推論と数量データによる実証である．この2つとも，再現可能性・客観性という点で圧倒的に優れている．もちろん「常に，誰がやっても，どんな状況でも完全に再現可能」ということは望むべくもないだろうが，純粋に数式を用いた演繹的推論はそれに近いし，数量データによる実証にしても，質的(非定量=定性)データを

用いる場合に比べれば，「同じ材料から誰がやってもほぼ同じような，あるいは類似の結果を引き出せる」度合いは強いだろう．

　ここで急ぎ留保しておくことがある．それは，上述のサイエンスの特性はいずれも，こういった特性があるのかないのかといった明確な二分法が成立するようなものではない，ということである．科学哲学が明らかにしてきたように，科学の進展は演繹的推論のみで成し遂げられるものでもないし，論理実証主義が想定するような検証によって進められるものでもないし，さらにはポパー流の反証主義(実証を含みこんだ演繹主義)によってなされるものでもない．クワインが指摘するように，自然科学の基軸となる知識においてさえ，厳密には全体論的な決定にすぎず，その意味では反照戦略が想定するような知の展開のプロセスに従う．この意味において，自然科学は積極的に演繹モデルや仮説検証プロセスを採用しない比較福祉国家論のような一部の社会科学分野と根本的に異なるわけではない．

　したがって問題は，あくまでその「程度」である．反証主義が科学的発見を「根本的な水準で説明しない」ことと，現場の研究者が反証主義，あるいはもっとナイーブに検証主義のガイドラインにそって科学的実践を行うことは両立する．演繹モデルの展開，そこからの仮説の導出(仮説演繹)，データによるテストといった科学的実践の各パーツは，その実どこかに「緩さ」を含みこんでいる．この緩やかな結合は，相互に反照しあう全体論的な決定であり，かつての認識論が模索してきた「基礎付け主義」[2](戸田山 2002)は成立し

---

　2)　「基礎付け主義(foundationalism)」とは，どこかに自明な，疑いえない基礎となる知識(信念)があり，それを基礎として確実な知識を組み立てることができる，という考え方を指す．知識が相互反照・相互規定的な関係にあるということは，一方が他方を規定するという基礎づけ関係にはない，ということに

ない．しかしこのような根源的な示唆にかかわりなく，素朴な科学的実証主義は科学者の実践を多くの場合過不足なくガイドし，科学者が活動する制度的環境をかたちづくる．

現在の学問の世界において支配的であるのはサイエンスの距離化戦略であるが，サイエンスが優位性を獲得した大きな理由の一つが，2点目(再現可能性)にあることは間違いない．理論の展開の恣意性を可能な限り排除し，実証プロセスをできるだけ透明にするように，現在の科学者は訓練される(実際には上述のつながりの緩さを，科学者コミュニティに存在する「相場観」や暗黙の基準が補完しているのではあるが)．

他方で，距離化戦略を取ることが難しい状況とはどんな場合であろうか．シンプルに考えると，距離化戦略の上述の2つのメリットが成立しない／を活かしにくい場面ということになる．

まずは再現可能性について考えてみよう．「いつ誰がやっても同じような結果を引き出せる」ということは，芸術の世界においては総じてネガティブな含意を持ちうるであろうが[3)]，学問の世界においてそれ自体を積極的に否定することは難しいと思われる．もちろん学問の世界においても，オリジナリティは常に要請される．研究資金の申請をしたことがある研究者ならば，自分の研究の「オリジナリティ」が何であるのかを必ず書かなければならないことは知っている．しかしこのオリジナリティは，推論のプロセスにおいて

なる．
　3)　芸術の世界においても，再現性と唯一性の対立がないわけではない．芸術作品に対する人々の斉一的な反応を期待したロシアの文豪レフ・トルストイに対する，芸術の唯一性を強調するフランスの思想家ジョルジュ・パラントの反発(Palante 1912＝2005)などがよい例である．

「その人・そのときにしか成立しない」ような実践を行うことであるとは考えられていない．少なくとも社会科学分野におけるオリジナリティとは，問いの設定，分析視角，データの新しさ等に見出されるべきもので，同じ材料や手続きを採用したときに他の誰もたどり着けないような結果をもたらすことであるとは考えられていない．

そうであるのならば，再現性が積極的に否定されない——それどころか重視される——世界で，あえて再現性の追求をある程度断念するような学術的実践が行われているということになる．本書の立場からすれば，それは距離化をしないことのメリットを優先した結果である．

まず理論的作業から考えてみよう．対象からいったん距離をとって演繹的な理論構築・展開を行うことで，推論は再現性を獲得する．これを行わず，社会学の多くの「理論」が——構成概念を用いる心理学の理論も——そうであるように自然言語に近い概念で理論展開を行う場合，どうしても解釈の多様性を許容し，極端な場合，同じ出発点から正反対の仮説を「演繹」できてしまう．このことは，第 1 章で都市社会学の理論の例を使って説明したとおりである．繰り返しになるが，理論から仮説を演繹する際には，それが「仮説演繹」といわれているわりには，ハードサイエンスにおいても一定の遊び・緩さがある．しかしサイエンスの場合，通常の基準に照らしてみればその可能性がかなり狭められているのである．

距離化をすると説明力が低下してしまう場合とはどんな場合であろうか．本書が強調したいのは，対象の変化や多様性である．第 2 章で未婚化の例を出して説明したとおり，社会の変化が早い環境においては，比較的硬直的な演繹的理論よりも，多少の概念的緩さを

含みこんだ理論の方が説明力が高くなる可能性がある．また，人々が実際に何を問題だと感じているのかについて，人々に詳しく「問い合わせてみる」ことも必要になる．社会科学の課題が，私たちが抱える広義の社会問題の解明と解決にあるのなら，課題を「効用の最大化」といった抽象度の高い地点から引き出してくるまでもなく，素直に人々に聞いてみる方が効率的である場合もあるだろう．社会が何らかの安定的な状態にあるのなら，変わりにくい課題に取り組む際に距離化戦略が有効になることもある．しかし不安定に変化する対象については，距離化戦略は裏目に出る可能性がある．その際には，理論・概念・データについて，対象とのやり取りを頻繁に行う反照戦略が有効になる．

　経済学以外でも距離化戦略が有効に機能した例は，社会人類学におけるレヴィ–ストロースの親族構造の説明(Lévi-Strauss 1949=2000)に見ることができる．レヴィ–ストロースの「婚姻における女性の一般交換」の理論は，数学的に表現できるモデルとして示されている．ただ，この距離化戦略が比較的静態的な対象を扱う人類学において提示されたことは示唆的である．

　安定した社会と変化する社会におけるこのような知のあり方の違いについては，社会学の内部においてもあてはまる．すでに紹介したパーソンズについては，本書では「演繹的科学モデルになりきれない中途半端な理論体系」の例として登場させた．しかしパーソンズの社会理論が広く研究されていた当時は，少なくとも一部では「標準科学理論(になりうる体系)」として受容されていた．

　パーソンズの社会理論が受け入れられていた1960〜70年代というのは，先進経済諸国においては堅調な経済成長と，相対的に安定した家族制度がみられた時代であった．パーソンズ自身がいみじく

も描き出したように，安定した男性雇用と性別分業（専業主婦家族）の時代だったのだ．その後，1980 年代前後から優勢になった社会理論は，ギデンズの構造化理論を含めて，むしろ変化を積極的に説明しようという趣旨のものが多かった．

5 実用性の位置づけ

距離化戦略はまさにサイエンスの戦略であり，現在の学問の世界では十分に正当化されている．それに対して反照戦略の学問は劣勢といえるだろう．産業化のなかで科学技術が果たしてきた圧倒的な貢献を考えれば，科学の作法を優れたものだとする考え方は受け入れられやすい．その反映として，大学教育において「理系」優位の政策が取られやすい．「文系」には，政府・行政から断続的に縮小圧力がかかる（筒井 2020）．

このような圧力をどう捉えたらいいのだろうか．まず留意すべきなのは，緩やかな傾向として，資金を出す側はどうしても知識の「実用性」——短期的で，わかりやすいもの——を強調しがちである，ということだ．これは，基礎科学分野で日本人科学者がノーベル賞を受賞したときに，もはや様式ともなっている受け答えが見られることにも現れている．すなわち，「この研究はなんの役に立つのか」というメディアの質問に対するサイエンス側の対応である．

「科学的であること」と実用性とは，必ずしもわかりやすく一致しない．サイエンス側の対応にはいくつかのパターンがある．2016 年，ノーベル生理学・医学賞を受賞した大隅良典は，以下のような「返答」をする．

　　「役に立たない研究をしよう」．ここ 10 年，大隅さんがそう

話すと，「それでいいんですか」と首をかしげる学生が増えたという．細胞内の新陳代謝の仕組みを探るオートファジーの研究でノーベル賞を受けた大隅さん自身，研究の成果が役に立つかは意識してこなかった．「科学は金もうけのためのものではなく，社会を支えるもの．すぐに役に立つことばかり求めていたら基礎科学はできない」と話す．（朝日新聞 2017/4/4）

　これは，すぐにわかりやすく役に立たない研究を続けることが，結果的に役に立つことがある，という主張である．他方，ニュートリノの観測という成果で 2002 年にノーベル物理学賞を受賞した小柴昌俊は，おなじみの質問を投げかけてくるメディアの記者に対して，明快に「何の役にも立たない」と返している．何の役にも立たないが，科学的には重要だ，ということであろう．小柴は講演で次のように述べている．

　　ところが，基礎科学の方になりますと，産業界に役立つというふうな結果は出さないんです．例えば宇宙のはじめのころの様子がもう少しよく分かったところで，だれのもうけにもならないし，どの産業の役にも立たないですよね．じゃあどういうことになるのかと言いますと，世界人類の共通の知的財産をちょびっと増やす，それだけのことでしょう．じゃあ，何もいいことはないのかというと，そういうことではないんですね．例えば，この国ですばらしい基礎科学の成果が出て，それが世界に認められたなら，この国の国民は鼻がちょびっと高くなるか，いい気分になるか，それくらいのことです．（科学技術政策シンポジウム「科学技術の危機とポスドク問題　〜高学歴ワーキングプ

アの解消をめざして」(2008 年 11 月 16 日)記念講演)

　このように，実用性と科学は一定の緊張をはらんだ関係であることは，確認しておくべきことであろう．要するに，「解釈の余地が少ない専門的な手続きで知識を蓄積させていく」という科学の技法に則った実践は，それだけでは公的なバックアップが得られるとは限らない，ということである．妥当性と実用性は別の話なのだ．

　さて，科学が実用性という要請に対して提示する強力な「答え」のひとつが，本書でも何度か触れた統計的因果推論である．ここでは，因果推論と実用性の相性は比較的良い，あるいはそのように考えられている，ということを強調しておきたい．それは，因果推論が「処置」という意図的な操作を扱うからである．

　すでに論じてきたとおり，計量社会学分野でしばしばみられる「数量データによる社会の記述」においては，処置という概念はそれほど意味をなさない．家族社会学における「出生率の低下は，きょうだい数の減少を通じて成人期の親子関係を緊密にした」という記述は，因果効果の議論として理解することはできない．出生率を直接に処置として上げたり下げたりするという事態を想定することには意味がない(むしろ多くの国ではこのアイディアは忌避される)．そのため，出生率の変化は他の数多くの周辺にある変化のなかに埋め込まれて，つまり周辺の変化と分断されずつながることではじめて意味を持つ数値である．モデル上の操作や自然実験において周辺から「分断」できたとしても，結果を実践として活かそうと思えば，処置として操作できない以上，「埋め戻し」がどうしても生じてしまい，結果の外的妥当性が失われてしまう．

　話は少し逸れるが，「ナッジ(nudge)」(Thaler & Sunstein 2008=

2009)という現象が行動経済学の分野で注目されることが多いことの理由のひとつがここにある．ナッジの象徴的事例として取り上げられることが多いのが，オランダのスキポール空港の男性トイレである．トイレの中央にハエの絵を描くという非常に安価な方法で，トイレの清掃費用を大幅に削減できた，という例である．ナッジは，「軽い一突き」と訳されることもあるが，まさにある選択をすることが他の条件(たとえばトイレの改修費用)を大幅に変えることなく，かつ特定の目標を達成するという，因果推論的に理想的な状況なのである．

　大掛かりな介入は，「費用がかかる」という欠点があるほか，以下で説明するように結果の妥当性の判断を難しくしてしまう．しかし処置がナッジであれば，この両者の欠点が克服できる．処置として理解しやすいのは，意図的な選択として，周囲から独立して「動かしやすい」ものである．典型的には政策だが，その際因果推論の条件として理解されているように，処置が意図された結果以外の周辺的な環境を変えてしまわないことが要請される．政策の場合，理想的には資金的な自由度が高いことがひとつの条件になるだろう．ある政策を実施するために，他のところで使われるはずの予算が削られ，そのため結果に影響するとなると，因果推論の外的妥当性は小さくなる．たとえば「子ども手当」を増額処置すると出生率が上がるという因果推論上の結論が得られるとして，それが実現されたとき，増額分の予算が保育予算の削減によって確保されるなど，周囲に影響を及ぼす介入になってしまうと，処置の効果が減じられる可能性がある．ただ，こういった難点はいくつもあるものの，因果推論と政策評価の相性の良さは否定できないであろう．

　統計的因果推論は通常，仮説の導出にあたって演繹的推論を必ず

しも必要としない．「所得税制における配偶者控除の撤廃は女性の労働力参加を増やすか」といった問いにおけるように，仮説は直接の政策から導かれることも多い．その意味では，因果推論においては科学の距離化戦略のひとつの車輪である演繹的推論の占める役割は小さい．他方で，もっぱら数量データを用いること，ピアレビューで妥当性を確かめられているモデルを用いることなどの点で，同じ手続きを使えば，同じ材料からほぼ誰でも同じような結論が導かれやすく，しっかりと科学の作法に則っている[4]．

　ただ，やはり難点は「処置」そのものにある．配偶者控除を撤廃するかどうかについて標準的な統計的因果推論を行う場合，研究者はたいてい「そのために不足する財源の影響」を考慮しないであろう．「ナッジ」でないかぎり，人々の選択は状況に深く埋め込まれており，宙に浮いて独立したものにはなっていない．実用性の要請に対する科学側の重要な答えである因果推論の結果を受け入れるか

---

　4)　他方で，自然実験系の因果推論が何らかの意味での「切断」を想定すること，そしてナッジや「ホットハンド」(Green & Zwiebel 2013)の議論が人間の認知や行動の「クセ」に注目することから，こういった知見がある種のアート(名人芸)の様相を呈しているという見方もできる．女性の雇用と出生行動の因果関係をみるために「第2子までの子どもの性別」を操作変数として用いたヨシュア・アングリストらの業績(Angrist & Evans 1998)はその典型であろう．ただ，科学哲学の分野でしばしば議論されてきたように，科学においても「発見の文脈」と「正当化の文脈」を分けたうえで，発見はいくらでも非合理でよく，誰にでも再現可能であるという条件は適用されない，ということが共通了解となっている．ベンゼンの6角形構造を「発見」したアウグスト・ケクレは，その発見の発端は「夢」だったと語っている(諸説ある)．いずれにしろこの仮説はその後，科学的に正当な手続きで正当化されていくのである．因果推論においても，処置や操作変数をどう設定するのかがどれほど名人芸に依拠していようとも，その後の検証プロセスが科学的に正当化されていれば，それは科学の一環である．

どうかは，このような一定の留保のもとで模索されざるをえない．
妥当性と実用性を両立させることはなかなか難しい．

6　反照戦略における実用性

　では，反照戦略における実用性はどのように理解できるだろう
か．反照戦略には距離化戦略よりも，ある意味で優位な点もある．
社会学の知の一部は，まさに現場の声をすくい上げるし，直近の社
会問題に対しての洞察を与えることもある．

　一つ例を挙げておこう．取り上げるのは「社会的養護」である．
社会的養護とは，保護者が存在しない，あるいは適切な環境で養育
ができる保護者を欠いている児童に対して，社会的・公的な養育環
境を提供することである．社会的養護は大きく分けて家庭的養護と
施設養護に分かれている．家庭的養護には，里親やファミリーホー
ムがある．施設養護の代表は児童養護施設である．

　伝統的に社会的養護行政においては，実親による養育が行われる
家族を標準モデルとして，社会的養護をできるかぎりそちらに近づ
けることがひとつの目標となってきた．したがって，優先すべきは
里親・ファミリーホームであり，集団養護が行われる施設養護にな
った場合にも，できるだけ家庭に近い環境を整えることが模索され
るべき，とされている．社会学者の藤間公太は，フィールドワーク
に基づき，こういった流れに一石を投じる研究成果を発表した(藤
間 2016)．簡単にいえば，複数人数体制で養育を行う施設養護にお
いては，悩み・問題を抱える子どもに対する「応答性・継続性」に
おいて，特定少人数による養育の限界を一部克服できる，という
ことである．場合によっては，施設養護は複数の専門スタッフによ
り，かつ緊密な連絡・連携体制のもとで養護が行われるため，養護

においてモデルとされる家庭よりも児童が抱える問題へのレスポンスが優れていることもある.

　この知見を受け入れるのなら，家庭的養育を優先してきた行政の長年の方針の重要な根拠が失われるか，あるいは少なくとも再検討が要請されることになる.

　もう一つ例を挙げておこう．教育社会学者の新谷周平は，「教育から職業への移行」，いわゆるトランジション研究において画期となる論文を発表した(新谷 2002)．新谷は，高校卒業後無職あるいはフリーターとなり，その後の就業が不安定なままにとどまっているケースが増えているという社会問題に取り組んだ．当事者への聞き取りや参与観察といった質的研究を行い，行政やこれまでの一部研究者がその問題の解決手段として採用してきた就業支援や奨学金の拡充といった手段の有効性が問い返された．簡単にいえば，彼らは地元の仲間集団と同じ時間と場所を共有し，その関係を維持することを第一の優先事項としており，都市部への進学と正社員への就職は，最優先事項である地元仲間集団との世界を維持することを難しくしてしまうため，いくら支援があっても回避されてしまうということを示唆した.

　この知見を受け入れるのならば，いくらフリーターに手厚い就業支援をしようとしても，「きちんとした仕事に就くこと」が仲間集団と同じ時間と場所を共有することを阻害するのならば，彼らは就業しない，ということになる．また，いくら奨学金を拡充して進学を促そうとしても，やはり大学生活が仲間集団との関係の維持を難しくするのならば，彼らはすぐに地元の狭い世界に戻ってくるであろう.

　社会的養護やトランジションについてのこれらの社会学の知見

は，まさに当事者の意味世界およびその観察との分厚い反照関係
から得られたものである．藤間の研究の場合，家庭的養育の特徴で
あると理解されてきた「応答性」が，その実，社会的養護において
も優れたかたちでみられるという観察を通じて，養護の実態とその
定義の関係を調整(修正)した．新谷の場合，トランジションの「不
調」という社会的課題に対する標準的な対応法に対して，やはり観
察を通じて修正を迫る知見を提示した．

　もちろん，社会，特に行政がこういった知見を視野に入れ，さら
に吸い上げていくかどうかは多分に運次第である．ひとつには，行
政の担当者がこういった論文を目にするかどうかに依拠する．筆者
(筒井)の場合，ある意味で幸運なことに少子化や働き方についての
知見を新書(筒井 2015)にまとめることができたため，行政や政党の
委員会・勉強会を通じて担当者や政治家に知識を提供することが
できた．しかし論文というかたちで発表された数多くの優れた知見
は，そのほとんどがアカデミアの外に広がることはない．

　「エビデンス」をどう理解するかの問題もある．先程あげた2つ
の研究はいずれも質的研究であり，代表性の問題はいやがおうに
も残る．つまり，特定の対象者あるいは施設の観察結果が，他のと
ころでもやはりある程度みられるのかどうかは分からない．外的妥
当性が問題になるのは，被験者の選択が無作為ではない実験におい
てもそうであろう．ただ，実験では外的妥当性は対象の同質性——
行動科学の場合には「人間」——を想定することで確保しようと試
みられるが，質的研究の場合にはそうもいかない．したがって得ら
れた知見の妥当性は，その知見が活かせるかどうかを判断する現場
(上記の例では，行政や支援活動を行う組織)の人たちに任せられる．場
合によっては，現場の人は知見を自分の担当ケースに当てはめて再

解釈することもあるかもしれない．

　知識の再帰性を想定する場合，知識の妥当性や実用性についての判断は単純なかたちではなされえない．先に紹介した遺伝性疾患の知識の例におけるように，知識が人々が行為する際のガイドラインになり，実践がそれによって組織化され，さらにそれが専門知識を修正していくことにつながるのならば，妥当性の判断は標準科学の手続きのみによっては完結しない．知識は，やはりクワインが指摘するような全体論的・反照的な規定関係のなかにある．それに加えて，実用性についての判断もまたこういった再帰的な知のループのなかで判断しなければならない．遺伝性疾患についての知識は，実用的であるから患者やその家族の間で受け入れられているという側面以上に，人々の認識や経験を深いレベルで変えていくものなのである．

　また，サイエンス的な知の場合には，再現性が妥当性を保証するが，反照戦略によって生み出された知の場合，この基準は採用しにくくなる．他方で，質的研究に基づいた社会学が「なんでもあり」の状態であるわけではない．学問上の知見がその他の知識と意味的な反照状態にあるということは，学問の知の妥当性について，常に社会からの「チェック」を受ける用意があるということである．先の新谷の提示した知見は，当事者たる若者たちにとっても納得できるものである必要があり，著者自身もそのような想定で論文を書いていたはずだ．さらに，フィールドワークの手続きについても，他の多くの研究者にそれが「再現可能」であるというまではいかないだろうが，対象者へのアクセスやフィールドノートの作成について，説明を求められればそれができる体制で行われる．反照戦略で生み出された知は，それが反照しあう関係にある一般の知識と「地

続き」でありつつも，その有効性が損なわれない程度に学問上の手続きを意識した産出プロセスを踏まえているのである．

終　章

1　「科学」への両義的な思い

　本書の締めくくりに当たり，社会学あるいは社会科学を取り巻く
厳しい環境について，ひとつの議論を展開しておきたい[1]．

　2015年6月8日，文部科学大臣(当時)の下村博文から国立大学
法人学長あての通達があり，そこには以下のように記してあった．

　　　教員養成系学部・大学院，人文社会科学系学部・大学院に
　　ついては，18歳人口の減少や人材需要，教育研究水準の確保，
　　国立大学としての役割等を踏まえた組織見直し計画を策定し，
　　組織の廃止や社会的要請の高い分野への転換に積極的に取り組
　　むよう努めることとする．(「国立大学法人の第2期中期目標期間
　　終了時における組織及び業務全般の見直しについて」)

　この通達は，第2次安倍晋三内閣のもとで策定・閣議決定され
た「日本再興戦略」の一環として構想された「国立大学改革プラ
ン」に基づいてなされたものである．通達はメディア上で「文系学
部廃止」の指示として受け止められ，すぐに一連の激しい議論を引
き起こした．日本学術会議は7月23日の声明文で通達を批判し，

---

　1)　以下の議論は，筒井(2020)に一部改変を加えたものである．

日本経済団体連合会(経団連)も，いわゆる人文的な知の軽視は見すごせない，という趣旨の声明を発表した．京都大学総長(当時)の山極壽一など，一部大学のリーダーも，通達に対して批判的なコメントを残している．

　文部科学省は，通知の背景に少子化に伴う教員養成系学部の改革があること，人文社会系軽視は誤解であること，といった趣旨で「火消し」を行うが，議論がすぐに収束したわけではない．通達の同年，『文系学部解体』というショッキングなタイトルの新書が出版され(室井 2015)，その翌年には『「文系学部廃止」の衝撃』という新書が出版されている(吉見 2016)．

　議論がすぐに収束しなかったのは，通達の土台となった「国立大学改革プラン」に代表される政府の方針が，大学の運営に影響力を現実に持ってしまっている，という事実がある．吉見が示すとおり，通達の趣旨はすでに「国立大学改革プラン」に内包されているものであり，通達が「突然」のものであるという理解は間違っている(吉見 2016, 22)．プランの趣旨に則り，多くの国立大学で学部の再編が計画・実施されている．そのなかには，文系学部の統合再編も多く含まれている．

　ただ，大学におけるいわゆる「人文社会系」組織の縮小再編の圧力は，国立大学改革プランとともに始まったわけではない．隠岐(2018)において詳しく述べられているが，すでに 1910 年代，国力(産業・軍事力)増強につながる自然科学・技術分野と，指導者を育成する実学を重視する空気のなかで，人文社会系が苦悩した，という事実がある．1960 年 3 月にも，文部大臣が「国立大学の法文系学部を全廃し，国立大学を理工系一本槍とし，法文系の教育は私学に委ねるべし」と発言した記録がある(隠岐 2018, 108)．1980 年代

には，内需転換の圧力のもとで「科学技術立国」のスローガンが開始され，以降，学術分野への補助は自然科学に重点化する傾向が生じた．

　吉見は，「自然科学が役に立つのに文系の知識は役に立たない」という主張があるとして，この主張に対する反論として，「文系の知識は役に立たないが価値がある」という見方を対置する戦略に対して否定的な立場を示している．そうではなくて，端的に「文系は役に立つ」という見方をとるべきだ，というのである(吉見 2016, 62)．

　「役に立つかどうか」は，どの学問分野に対して重点的に公的支援をするべきかという議論において必ず考慮される視点であろう．この論点に関しては，「役に立つかどうか」「役に立つというのはどういう観点からか」「役に立たないからどうなのか」といった付随する論点を伴いつつ，頻繁に繰り返し言及される．

　他方で，学問分野についてある種の「優劣」を語ろうとするとき，別の論点もまた成立しうる．そのひとつが，前章でも触れた，各学問分野が知識の妥当性をいかに確保しているか，という論点である．

　すでに何度か述べてきたように，自然科学においては，多かれ少なかれ知識を得るための手続きが標準化されている．数量データを用いた実験や調査観察の手法が多くの自然科学分野を通じた研究の共通言語になっているし，査読システムとして整備されているピアレビュー制度，学術ジャーナルの「格付け」指標を提供するインパクト・ファクターのシステムなども，まさに知識の妥当性を認定するための「自然科学モデル」といえる．そして数量データによる実証や，査読システムが機能している点において，自然科学は「優れ

ている」という見方が広がっている．だからこそ，人文社会系の分野においても，自然科学と類似した査読システムが浸透してきたのである．

　文系諸学問のなかで，この判断基準において最も「科学的」であるとしばしば考えられているのが，本書でもすでに何度も登場してきた経済学である．経済学は「科学的」であるから，他の文系の学問よりも優れている，という見方は日本以外でもしばしば見られる．経済学は「社会科学の女王だ(queen of social science)」と述べた P. サミュエルソンの言葉は有名である．ほかにも，労働経済学の分野でいくつもの著作を持つ F.B. フリーマンは，次のように書いている(Freeman 1999, 拙訳)．

　　Sociologists and political scientists have less powerful analytical tools and know less than we do, or so we believe.(141)
　　（社会学者や政治学者は，われわれ経済学者ほどパワフルな分析ツールを持ち合わせていないし，われわれよりも物事をよく知らない．少なくともわれわれはそう考えている．）

　　Once in mathematics or physics, moreover, students are often given the impression that economics is really (help!) sociology, which no self-respecting whiz should enter, thereby reducing the potential flow from those fields into ours.(143)
　　（数学や物理学では，学生は経済学は実際には社会学だ(勘弁して！)という印象を持っていることが珍しくない．社会学なんて，自尊心のある天才はやるべきじゃないし，そんなことをすれば数学や物理学から経済学に流れたかもしれない人材を減らしてしまう．）

　フリーマンのこの文章は，自然科学に進む「頭脳」を持っている若者に対し，経済学の魅力を伝えるべく書かれたものである．フリーマンは，才能ある者が自然科学に流れてしまうことを憂慮し，経済学出身者と数学や物理学出身者の給与の中央値の比較を示してまで，そういった者を経済学の世界に誘い入れたいのである．その際に，経済学を社会学などの他の非自然科学系の学問と同列に扱うべきではない，と主張している．その理由は，経済学が最も「自然科学的」であるから，ということだ．公式文書においてはっきりとそうされることはまずないであろうが，インフォーマルな言説において，「科学的であること」が学問や知の優劣の判断基準として参照されることはよくある．

　他方で，「科学的であること」は，場合によっては否定的に捉えられることもある．たとえば，科学の「共通言語」である数量データを用いた方法について，それが人間や社会の適切な理解にとって不十分なのではないか，という論点がありうる．本書ではこのことについて，「データの解像度」「質的研究」といった概念で詳しく述べてきた．計量的研究に対してはより積極的な否定的評価が下されることさえある．たとえば，社会学者の倉石一郎は次のように書いている．

　　本稿での私の主張に沿うならば，いわゆる質的社会調査を駆動させてきたドライビングフォースは，哲学・文学・歴史学といった狭義の人文科学と限りなく近いものだった．その問題意識を純粋なまでに煮つめれば煮つめるほど，人文科学に近づいていくのだ．いまこそ社会学は，準理系の行動科学などいう

　こざかしい衣装を脱ぎ捨て，自らが人文科学の一ヴァリアント
　に過ぎないことを素直に告白するべきではないか．（倉石 2017,
　110）

　要するにこういうことだ．ある学問上の立場が，「十分に科学的
ではない」という理由で批判されることがある一方で，ここで述べ
たように，別の学問上の立場が，「科学的」である(あるいはそのよ
うに装う)からこそ批判されることがある，ということである．
　社会学がこの対立の渦中に巻き込まれやすいのは，社会学が科学
と人文学の中間に位置しているからであろう．日本の社会学でも，
科学的な手続きに親和性のある量的研究のグループと，質的研究の
グループは，コミュニティや人脈が分離する傾向があることは，第
3章でも触れたとおりである．

2　科学との距離をめぐる戦略

　吉見(2016)は，文系学問・学部が「役に立たない」という批判に
対して，「役に立たないが価値がある」という反論には意味がない
と述べている．「役に立つ／役に立たない」という争点を降りてし
まうと，文系学部不要論に結局は飲み込まれてしまう，というので
ある．これに対して，文系学問はあくまで「役に立つ」が，その際
「役に立つ」という概念についての考察を深めることが必要になる
と筆者は考える．
　「科学的かどうか」という争点についてはどうだろうか．概念に
注目するという方策には，いくつかのパターンが考えられる．たと
えば「科学的」という概念に関連する概念からなんらかの要素(「科
学的」であることが要請するいくつかの規範)を抽出し，それがいくつ

かの文系学問においてもみられるものだ，と主張するという方策を考えることができる．科学的態度というのを，「恣意的・直感的ではなく，論理的・経験(実証)的であるべし」という態度だとすれば，社会学は十分にその範疇に入ってくる．いわば，「科学の範囲を広げてそのなかに入る」ことで，「科学的ではない」という非難を回避する戦略である．「社会学は科学的ではないと批判されているが，実際には広い意味で科学的なのだ」というわけである．

　ただ，すでにみてきたように，「科学的ではない」ことが諸学問間の優劣の判断基準となるとき，もう少し狭い意味での「科学的」特性が参照されることもある．数量データによる実証と査読システムがその代表である．そうだとすれば，先の戦略は「科学的」という概念を不当に拡張している，と捉えられてしまうかもしれない．

　概念の拡張という戦略があるならば，当然，概念の縮小戦略もありうる．つまり，科学の定義を狭く捉えることで，社会学をそこから締め出そうというやり方である．その場合，科学的であることの諸要素から，恣意的に社会学にはない(あるいはそこでは重視されていない)要素のみをことさらに「科学的」であることの特徴として強調し，そのことをもって社会学の「非科学性」を主張する可能性もある．

　概念の拡張も，また縮小も，いずれもある特定の立場による概念の恣意的運用という側面を持つ．ある分野(ここでは社会学)を科学に含めたい人たちにしてみれば，概念を多少なりとも恣意的に拡張する動機がある．これに対してある分野を科学に含めたくない人たちは，概念を縮小して使用する動機がある．そもそも，「科学的」という言葉は日常的に使用されており，そういった幅のある運用を許容する概念であることも確かであろう．

　概念の恣意的運用という戦略とは区別される方策として，こうした運用を抑えつつ，むしろ定義を固定しながら，学問分野の境界の揺らぎを指摘する，というやり方がある．前者の方法が，「科学的」という概念を拡大・縮小することで概念の外延を変更するというやり方であるのに対して，後者の戦略は，概念の外延と実際の分類が必ずしも一致しないことを明らかにするのである．

　たとえば，これまでもみてきたように経済学は数量データの分析において因果推論を最上位の方法の一つに置くが，これはつまり実験による検証に最大の価値を見出し，調査観察を二次的なデータ取得方法として理解しているということである[2]．「実験データ＞調査観察データ」という序列は自然科学の多くの分野にも当てはまる．というよりは，この序列は，実験が難しい調査対象を扱う自然科学分野においての古くからの問題である．たとえば医学分野において，新薬の効果の検証を行う際には，無作為割付を伴う比較対象実験のデータが最良である．これに対して，喫煙が健康に及ぼす悪影響の検証などの場合には，人を対象とした実験を行うことが難しいため，疫学的手法のもとで調査観察データが用いられる．だが，調査観察データは，研究者が選択(割付)を行う実験データと異なり，対象者の自己選択(セルフ・セレクション)の結果を観察したものであり，そこから正確な因果効果を導くことは難しい．

　ただ，自然科学のなかにも調査観察データを重視する分野が存在する．生物学がその代表である．たとえば生物を分類する場合，実

---

　2)　実際には，もちろん実験を選好しない経済学上の立場もある．その主な理由は外的妥当性の弱さにあるが，もし実験研究と調査観察研究とで外的妥当性にさほど差がないという確証が得られれば，内的妥当性基準からして後者をあえて選ぶ理由は小さくなるであろう．

験データの分析は重要な要素となることはあるが, 分類学などで数量化されにくい質的データが活躍する頻度は高い. 本書で触れた気象学のほか, 天文学も同様で, 実験データよりも観測データが研究の基礎になる. 隠岐は, 自然科学の中核と考えられている「法則定立的」であるという特徴は, 多くの自然科学分野(地球科学や気象学など)では当てはまらないことを指摘しつつ, 次のように述べている.

　このように, 詳しく見ていくと自然科学も一枚岩ではありません. 普遍的法則を見つけるだけではなく, 統計的に高い蓋然性(確からしさ)を持ち, 説明力のある理論やモデルを見つける営みも重要であるからです. その意味で,「法則定立的」とまでは言い切れない要素があります.〔中略〕同時に面白いのは, 仮に「自然科学は多元的」であるとしたら, 人文社会科学との差は一層縮まるのではないかとの主張も成り立つことです. (隠岐 2018, 214-215)

「例外」が多数報告されれば, つまり外延が変更されれば, 概念も修正される. そうして, 理系／文系という二項対立が擬制であることを強調すれば,「文系廃止」論の論拠の一つを掘り崩すことができるかもしれない.

　こういった戦略は, ある意味「社会学的」なものである. 社会学においては, (これもほとんどインフォーマルな言説においてであるが)「ミクロ／マクロという対立概念には意味がない」「質的／量的というカテゴリー化はもうやめよう」といった言い方がしばしばなされる. こういった発言の趣旨は,「実際に対象を理解・記述するとき,

こういった二項対立は対象の特性ではない(対象を構成する要素ではない)」というものだ.

　他方で,概念的考察として「質的／量的」の対立の不毛さを指摘できるとはいえ,佐藤健二(1996)も指摘するように,そういった二項対立が方法論の制度として強力に根付いていることもまた事実である.本書の第3章もここを出発点としている.繰り返すが,「状況を現実として定義すれば,それは現実である」のだ.というのは,定義は私たちの活動のなかにもあるからだ.自然科学と人文・社会科学,理系と文系といった概念枠組みが,記述の道具として深刻なほころびを含むものであることは明らかであるとはいえ,他方でそういった対立概念は外枠の制度として私たちの行動や認識に影響していることも事実である.

3　独自性と共通性をめぐるジレンマ

　自分の立場を確保するために,なにかに寄せる・似せることで存在意義を主張する場合もあれば,逆になにかに「似ていない」ことを強調することで存在意義を主張することもあるだろう.ここでの議論にひきつけて言い直せば,ある学問分野を,自然科学と「同類」であると主張しつつ擁護することを目論むこともできるし,反対に自然科学とは異なる独自性を有すると主張して擁護することも考えられる.

　経済学は,社会的な事象について解明する際に,自然科学に寄せることに特徴がある.経済学が制度的に分野として発足し始めたころ(20世紀初頭)には,他の社会科学との差がはっきりしておらず,数理モデルの活用も目立っていなかったのにもかかわらず,その後の展開においては科学的な方針への傾倒が他の「文系」分野よりも

ずっと顕著であった．だからこそ，現代のフリーマンがそうしたように，自然科学的素養を持った若手研究者を経済学にリクルートする，という発想にもなる．

経済学は，意思決定を行う個々の主体の位置づけも社会学とは異なる．さきほど触れた自己選択の例について再び考えてみよう．

自己選択は，社会学においては社会理論や行為論において主題となってきた．そこでは，行為を規定する力について，客観要因を重視する立場と主観要因を重視する立場があり，パーソンズが主意主義的行為理論においてそれを統合する試みを行ったことはよく知られている（三谷 2012）．時代はより新しくなるが，ギデンズの社会理論においては，社会(科)学の特性が，解釈を行う主体の行為を解釈するという「二重の解釈学」として特徴づけされている（Giddens 1993＝2000）．

経済学では，まず理論においてこのような立場の違いが問題になることはあまりない．所与の効用のもとで合理的に選択する個人が理論の出発点となっており，そうではない場合でも（行動経済学におけるように）個体のふるまいの斉一性が一定程度想定される．このような場合，モデルを構築する際に数式を用いること，したがって推論過程において演繹のプロセスを多用することにおいて，科学的なものへの近接をみることができる．

他方で実証研究に目を向けると，自己選択は（比較的標準的な方法の範囲では）独特のノイズとして理解されることが多い．特に因果推論を目的とする場合にそれは顕著である．J. ヘックマンが言うように，セレクション（ほとんどの場合，自己選択）の問題をどのように扱うかが，統計的因果推論においては核となる問題である（Heckman 2005）．自己選択の位置づけは計量経済学のなかでも立場が異

なっていることもあるが，ほとんどの計量研究の実践の場面では，介入(処置)の因果効果を測定する際に，自己選択の影響をいかに除去するのかに関心が集まる．古典的回帰分析から操作変数法，二段階推定，不連続回帰，自然実験，固定効果，傾向スコア，マッチングに至る実にさまざまな分析手法のメニューが，自己選択の影響を推定結果から取り除くために開発され，そのうちのいくつかにはノーベル経済学賞に値する評価が与えられてきた．

　自己選択，つまり介入を受け入れるかどうか(たとえば学習効果を上げるために学習時間を増やすかどうか)を自ら選び取ってしまうことが，データの分析のなかでノイズとして位置づけられるのは，介入の平均的効果に一義的な関心があるからであるが，介入という選択を行う主体(典型的には為政者，行政担当者，組織のマネジメント層)は，研究対象となる人々とは距離化されており，別個の存在である．ここでは，観察・分析者とその対象の分離が，自然科学と類似のかたちで想定されている．

　これに対して，社会学ではどうだろうか．すでに「反照戦略」として説明してきたように，社会理論においても，通常の意味での理論においても，そしていわゆる実証研究を含むその他の研究活動においても，分析者と対象者のつながりを何らかのかたちで尊重している．「理解・解釈」は，研究者が行う前に，すでに対象となる人々が行っているものである．「社会問題」は，研究者が定義する前に，すでに人々が問題化しているものである．「方法」は，研究者が構築する前に，すでに人々が駆使しているものである．筒井・前田(2017)では，社会学の独自性を「問いや方法を人々から受け取る」ことにあるとした．稲葉(2019)は，社会学の独自性として質的研究の方法を基軸に置きつつ，次のように述べている．

　　この「他者の合理性の理解」のプロセスが，一方的な観察に
よるものではなく，調査対象と調査主体との間のコミュニケー
ションを通じたものであった方がよい——そしてとりわけ社
会学においては，そうでなければならない理由は，社会学の主
たる関心が，ひとつには人間社会の多様性，とりわけその中で
の人々の価値観や感性の多様性であり，いまひとつは近代社
会以降の，社会変動——人々の価値観や，人々を結び付け共存
させる制度的枠組み，あるいは人々の間での富や社会的地位
の分配構造の変化の激しさを理解することだからです．（稲葉
2019,156）

　質的研究のみならず，社会学における計量分析においても，「人
々の問いやカテゴリー」への一定の配慮がある．第3章で説明し
た職業カテゴリーのアフターコーディングにおける質的決定のプロ
セスは，あくまで人々が持つ特定の職業概念を参照して，それをガ
イドラインとして行われるのであって，そこから離れた何らかの理
論内在的な都合によってそうされるわけではない．稲葉は，「中小
企業」という概念を例にそのことを説明している（稲葉 2019, 72）．
すなわち，企業に関する経験的データから「中小企業」という独自
のクラスを導くことができるのかどうかが自明ではない以上，「中
小企業」というカテゴリーは場合によっては不必要だ，という主張
が成り立つのが経済学であるのに対して，社会学ではそうならな
い．なぜなら，中小企業という概念は，私たちの経験をすでに構成
しているからだ．数量データからの帰納において「幻想」であって
も，また理論からの演繹として不要であっても，概念が人々の経験

や選択を構成している以上，それはリアルであり，また研究対象と
なる．

　理論内在的な合理性ではなく，直接に人々の概念を参照し，それ
を尊重するというのは，第3章でも触れた「トマスの定理」以来
の社会学の一つの傾向性であろう．人文学の一部ではこのような傾
向があるとはいえ，社会学ほどこのことを明確に方針として掲げる
分野はない．

　もちろん，上記のような特性が社会学に全体としてあてはまる
わけではない．演繹プロセスを駆使する数理社会学は(マイナーであ
るとはいえ)確固とした分野をなしているし，研究者の理論概念を使
って現象を説明することも決して珍しいわけではない．ただ，すで
にみてきたように，人々の概念への参照が社会学の特性であるとい
うことは何人かの研究者によって指摘されている．最もその特性が
顕著であるのが，第3章で紹介したエスノメソドロジーであろう．

　このように考えたとき，「科学的なものに寄せる」という戦略を
社会学(あるいは近隣の人文社会系の学問)がとることに，一定の限界
があることが示唆される．ただ，これで問題は終わりではない．科
学という確立された標準に寄せることは，経済学などすでに他の
人文社会系の学問がすでに目指しているところである．そのため，
「独自性を主張できないのなら，発展的に改組しよう」という流れ
を止めることが難しくなる．すでに経済学は，家族や教育といった
分野で目立った業績を上げてきている．経済学者である G. ベッカ
ーがノーベル経済学賞を受賞した理由は，結婚といった非市場的
な行動や相互行為にまで経済学の対象を拡張させたことにある．そ
の際の方法は，基本的には数理モデルを使用した演繹的推論であ
った．同じくノーベル経済学賞受賞者のヘックマンは，自然科学に

範をとった因果推論的計量手法を使って教育(幼児教育)や労働(女性の労働力参加)を分析し,高い評価を得ている.社会学がこういった「標準」に寄せれば寄せるほど,分野の独自性は失われる.

まとめておこう.科学が学問における標準的な地位を確立している現状に対して,「科学に寄せること」「あえて科学との差異を強調すること」「科学とそうではないものの境界線を再考すること」といった戦略的立場が考えられる.本書で導入した「距離化」「反照」というアプローチは,こういった戦略的立場に対して有力な議論の材料を提供するだろう.

まず第4章で述べてきたように,「距離化」「反照」の有効性が対象の均質性・異質性に大きく依存するのなら,「科学に寄せること」「科学と差異化すること」において――ただ単に「標準的だから科学に寄せる」のではなく――「何のためにそうするのか」について考える材料を得ることができる.つまり,どういう場合に科学に寄せることが有効で,どういう場合に有効ではないのかを判断する方針をひとつ獲得できる.

次に,「境界線を再考する(動かす)」戦略については,科学哲学における「線引き問題」とは距離を取り,これまで十分に論じられてこなかった角度から,科学的アプローチと非科学的アプローチの特性を理解することができる.このことは本書全体を通じて試みてきた議論である.

参考文献

赤枝尚樹 2013,「Fischer 下位文化理論の意義と可能性」『理論と方法』28（1），1-16.

新谷周平 2002,「ストリートダンスからフリーターへ――進路選択のプロセスと下位文化の影響力」『教育社会学研究』71，151-170.

稲葉振一郎 2019,『社会学入門・中級編』有斐閣.

内田健 1995,「「ゴフマネスク」とは何か？ ――E. ゴフマンの著述スタイルをめぐって」『早稲田大学人間科学研究』8（1），25-35.

隠岐さや香 2018,『文系と理系はなぜ分かれたのか』星海社新書.

尾嶋史章 2001,『現代高校生の計量社会学――進路・生活・世代』ミネルヴァ書房.

抱井尚子 2015,『混合研究法入門――質と量による統合のアート』医学書院.

加藤彰彦 2011,「未婚化を推し進めてきた 2 つの力――経済成長の低下と個人主義のイデオロギー」『人口問題研究』67（2），3-39.

岸政彦・石岡丈昇・丸山里美 2016,『質的社会調査の方法――他者の合理性の理解社会学』有斐閣.

久米郁男 2013,『原因を推論する――政治分析方法論のすゝめ』有斐閣.

倉石一郎 2017,「蟷螂の斧をふりかざす――社会調査における「向真実」の時代への抵抗」『現代思想』45（6），100-111.

高坂健次 2000,「数理社会学と古典理論――架橋を促すためのノート」『理論と方法』15（2），235-248.

酒井泰斗・浦野茂・前田泰樹・中村和生編 2009,『概念分析の社会学――社会的経験と人間の科学』ナカニシヤ出版.

佐藤健二 1996,「量的／質的方法の対立的理解について――「質的データ」から「データの質」へ」『日本都市社会学会年報』14，5-15.

佐藤健二 2011,『社会調査史のリテラシー――方法を読む社会学的想像力』新曜社.

佐藤俊樹 2011,『社会学の方法――その歴史と構造』ミネルヴァ書房.

鈴木努 2009,『R で学ぶデータサイエンス 8　ネットワーク分析』共立出版.

盛山和夫 1988,「反照性と社会理論――理解社会学の理論仮説と方法」『理論と

方法』3 (1), 57-76.

髙井啓二・星野崇宏・野間久史 2016, 『欠測データの統計科学——医学と社会科学への応用』岩波書店.

髙橋和子・多喜弘文・田辺俊介・李偉 2017, 「社会学における職業・産業コーディング自動化システムの活用」『自然言語処理』24 (1), 135-170.

竹ノ下弘久 2015, 「階層の社会学」筒井淳也・神林博史・長松奈美江・渡邉大輔・藤原翔編『計量社会学入門——社会をデータでよむ』世界思想社, 90-102.

多田光宏 2008, 「社会秩序の時間的構成によせて——社会システムの時間論序説」『現代社会学理論研究』2, 37-48.

田辺俊介・相澤真一 2008, 「職業・産業コーディングマニュアルと作業記録」『東京大学社会科学研究所パネル調査プロジェクト ディスカッションペーパーシリーズ』6, 1-62.

太郎丸博 2006, 「Laudan の研究伝統論による社会学理論発展法の考察」『社会学評論』57 (1), 41-57.

太郎丸博 2010, 「数理社会学・リベラル・公共社会学——プロ社会学者は社会のために何が言えるのか?」『フォーラム現代社会学』9, 52-59.

太郎丸博・阪口祐介・宮田尚子 2009, 「ソシオロジと社会学評論に見る社会学の方法のトレンド 1952-2008」, http://tarohmaru.web.fc2.com/documents/journal.pdf.

丹治信春 1997, 『クワイン——ホーリズムの哲学』講談社.

筒井淳也 2006, 『制度と再帰性の社会学』ハーベスト社.

筒井淳也 2015, 『仕事と家族——日本はなぜ働きづらく, 産みにくいのか』中公新書.

筒井淳也 2016, 「脱構築するための社会理論——アンソニー・ギデンズ『社会の構成』書評」『現代社会学理論研究』10, 154-158.

筒井淳也 2017, 「数字を使って何をするのか——計量社会学の行方」『現代思想』45 (6), 162-177.

筒井淳也 2019, 「計量社会学と因果推論——観察データに基づいた社会の理解に向けて」『理論と方法』34 (1), 35-46.

筒井淳也 2020, 「文系縮小圧力のなかでの社会学の立ち位置——科学との類似性と異質性のあいだで」『フォーラム現代社会学』19, 48-59.

筒井淳也・神林博史・長松奈美江・渡邉大輔・藤原翔編 2015, 『計量社会学入

門——社会をデータでよむ』世界思想社.

筒井淳也・前田泰樹 2017,『社会学入門——社会とのかかわり方』有斐閣.

藤間公太 2016,「施設養護家庭論の検討——児童自立支援施設での質的調査から」『社会学評論』67(2), 148-165.

戸田山和久 2002,『知識の哲学』産業図書.

轟亮・杉野勇・平沢和司編 2021,『入門・社会調査法——2ステップで基礎から学ぶ(第4版)』法律文化社.

直井優 1973,「構造-機能分析の展開——社会学における通常科学(ノーマル・サイアンス)への途」『思想』587, 31-50.

直井優 1984,「構造-機能主義における説明とテスト可能性」『社会学評論』35(1), 19-28.

中野正大・宝月誠編 2003,『シカゴ学派の社会学』世界思想社.

橋爪大三郎・志田基与師・恒松直幸 1984,「危機に立つ構造-機能理論——わが国における展開とその問題点」『社会学評論』35(1), 2-18.

橋本努・矢野善郎編 2008,『日本マックス・ウェーバー論争——「プロ倫」読解の現在』ナカニシヤ出版.

姫岡とし子 2008,『ヨーロッパの家族史』山川出版社.

前田泰樹・西村ユミ 2018,『遺伝学の知識と病いの語り——遺伝性疾患をこえて生きる』ナカニシヤ出版.

前田泰樹・水川喜文・岡田光弘編 2007,『エスノメソドロジー——人びとの実践から学ぶ』新曜社.

松田光司・三隅一人 2004,「なぜ民主主義組織にも序列ができるのか」日本数理社会学会監修『社会を〈モデル〉でみる——数理社会学への招待』勁草書房, 104-107.

三隅一人編著 2004,『社会学の古典理論——数理で蘇る巨匠たち』勁草書房.

三谷武司 2012,「主意主義的行為理論」大澤真幸・吉見俊哉・鷲田清一編『現代社会学事典』弘文堂, 615.

三輪哲 2011,「『開かれた社会』への遠き道程——社会移動の構造と趨勢」盛山和夫・片瀬一男・神林博史・三輪哲編著『日本の社会階層とそのメカニズム——不平等を問い直す』白桃書房, 1-33.

三輪哲 2015,「階層移動の男女差に関する国際比較研究——今なお残る機会の不平等」筒井淳也ほか編『計量社会学入門——社会をデータで読む』世界思想社, 103-115.

参考文献

室井尚 2015, 『文系学部解体』角川新書.

安田雪 2001, 『実践ネットワーク分析——関係を解く理論と技法』新曜社.

吉川徹 2003, 「計量的モノグラフと数理-計量社会学の距離」『社会学評論』53 (4), 485-498.

吉川徹 2009, 『学歴分断社会』ちくま新書.

吉見俊哉 2016, 『「文系学部廃止」の衝撃』集英社新書.

渡邊勉 2017, 「階級・階層」盛山和夫・金明秀・佐藤哲彦・難波功士編著『社会学入門』ミネルヴァ書房, 65-78.

Acemoglu, D., D. Cantoni, S. Johnson, & J. A. Robinson 2011, "The Consequences of Radical Reform, The French Revolution", *American Economic Review*, 101 (7), 3286-3307.

Akerlof, G. A. 1970, "The Market for 'Lemons', Quality Uncertainty and the Market Mechanism", *Quarterly Journal of Economics*, 84 (3), 488-500.

Angrist, J. D. 1990, "Lifetime Earnings and the Vietnam Era Draft Lottery, Evidence from Social Security Administrative Records", *American Economic Review*, 80 (3), 313-336.

Angrist, J. & W. N. Evans 1998, "Children and Their Parents' Labor Supply, Evidence from Exogenous Variation in Family Size", *American Economic Review*, 88 (3), 450-477.

Barabasi, A.-L. 2002, *Linked, The New Science of Networks*, Cambridge, Perseus Publishing.(青木薫訳『新ネットワーク思考——世界のしくみを読み解く』日本放送出版協会, 2002 年)

Beck, U., A. Giddens, & S. Lash 1994, *Reflexive Modernization, Politics, Tradition and Aesthetics in the Modern Social Order*, Cambridge, Polity Press.(松尾精文・小幡正敏・叶堂隆三訳『再帰的近代化——近現代における政治, 伝統, 美的原理』而立書房, 1997 年)

Becker, G. S. 1973, "A Theory of Marriage, Part I", *Journal of Political Economy*, 81 (4), 813-846.

Becker, G. S. 1974, "A Theory of Marriage, Part II", *Journal of Political Economy*, 82 (2), S11-26.

Blau, P. M. 1970, "A Formal Theory of Differentiation in Organizations", *American Sociological Review*, 35 (2), 201-218.

154

Bourdieu, P. 1979, *La distinction, critique sociale du jugement*, Paris, Éditions de Minuit.(石井洋二郎訳『ディスタンクシオン——社会的判断力批判』I・II, 藤原書店, 1990 年)

Brady, H. E. & D. Collier 2010, *Rethinking Social Inquiry, Diverse Tools, Shared Standards [Second Edition]*, Lanham, Maryland, Rowman & Littlefield Publishers.(泉川泰博・宮下明聡訳『社会科学の方法論争——多様な分析道具と共通の基準(原著第 2 版)』勁草書房, 2014 年)

Cigno, A. 1991, *Economics of the Family*, Oxford, Oxford University Press.(田中敬文・駒村康平訳『家族の経済学』多賀出版, 1997 年)

Codd, E. F. 1970, "A Relational Model of Data for Large Shared Data Banks", *Communications of the ACM*, 13 (6), 377-387.

Diamond, J. & J. Robinson 2010, *Natural Experiments of History*, New York, Harvard University Press.(小坂恵理訳『歴史は実験できるのか——自然実験が解き明かす人類史』慶應義塾大学出版会, 2018 年)

Duhem, P. 1954, *The Aim and Structure of Physical Theory*, Princeton, Princeton University Press.(小林道夫・熊谷陽一・安孫子信訳『物理理論の目的と構造』勁草書房, 1991 年)

Durkheim, É. 1960, *Le suicide, étude de sociologie*, Presses Universitaires de France.(宮島喬訳『自殺論』中公文庫, 1985 年)

Esping-Andersen, G. 1990, *The Three Worlds of Welfare Capitalism*, Cambridge, Polity Press.(岡沢憲芙・宮本太郎監訳『福祉資本主義の三つの世界——比較福祉国家の理論と動態』ミネルヴァ書房, 2001 年)

Esping-Andersen, G. 1996, *Welfare States in Transition, National Adaptations in Global Economics*, London, Sage.(埋橋孝文監訳『転換期の福祉国家——グローバル経済下の適応戦略』早稲田大学出版部, 2003 年)

Esping-Andersen, G. 1999, *Social Foundations of Postindustrial Economies*, Oxford, Oxford University Press. (渡辺雅男・渡辺景子訳『ポスト工業経済の社会的基礎——市場・福祉国家・家族の政治経済学』桜井書店, 2000 年)

Fischer, C. S. 1982, *To Dwell Among Friends, Personal Networks in Town and City*, Chicago, University of Chicago Press.(松本康・前

田尚子訳『友人のあいだで暮らす―― 北カリフォルニアのパーソナル・ネットワーク』未來社，2002 年）

Freeman, R. B. 1999, "It's Better Being an Economist (But Don't Tell Anyone)", *Journal of Economic Perspectives*, 13 (3)，139-145.

Gans, H. J. 1962, *The Urban Villagers, Group and Class in the Life of Italian-Americans*, New York, Free Press.（松本康訳『都市の村人たち――イタリア系アメリカ人の階級文化と都市再開発』ハーベスト社，2006 年）

Giddens, A. 1984, *The Constitution of Society, Outline of the Theory of Structuration*, Cambridge, Polity Press.（門田健一訳『社会の構成』勁草書房，2015 年）

Giddens, A. 1990, *The Consequences of Modernity*, Cambridge, Polity Press.（松尾精文・小幡正敏訳『近代とはいかなる時代か？ ――モダニティの帰結』而立書房，1993 年）

Giddens, A. 1991, *Modernity and Self-Identity, Self and Society in the Late Modern Age*, Cambridge, Polity Press.（秋吉美都・安藤太郎・筒井淳也訳『モダニティと自己アイデンティティ――後期近代における自己と社会』ちくま学芸文庫，2021 年）

Giddens, A. 1993, *New Rules of Sociological Method [Second Edition]*, Stanford, Stanford University Press.（松尾精文・藤井達也・小幡正敏訳『社会学の新しい方法規準――理解社会学の共感的批判(第 2 版)』而立書房，2000 年）

Goertz, G. & J. Mahoney 2012, *A Tale of Two Cultures, Qualitative and Quantitative Research in the Social Sciences*, Princeton University Press.（西川賢・今井真士訳『社会科学のパラダイム論争――2 つの文化の物語』勁草書房，2015 年）

Goffman, E. 1961, *Encounters, Two Studies in the Sociology of Interaction*, Indianapolis, Bobbs-Merrill.（佐藤毅・折橋徹彦訳『出会い――相互行為の社会学』誠信書房，1985 年）

Granovetter, M. 1995, *Getting a Job, a Study of Contacts and Careers* (*2nd edition*)，Cambridge, Mass., Harvard University Press.（渡辺深訳『転職――ネットワークとキャリアの研究』ミネルヴァ書房，1998 年）

Green, B. S. & J. Zwiebel 2013, "The Hot Hand Fallacy, Cognitive Mistakes or Equilibrium Adjustments? Evidence from Baseball", Stanford Graduate School of Business Working Papers, 3101, 1–67.

Hacking, I. 1996, "The Looping Effects of Human Kinds", Dan Sperber, David Premack, and Ann James Premack (eds.), *Causal Cognition, A Multidisciplinary Debate*, Oxford, Clarendon Press, 1–44.

Hanson, N. R. 1958, *Patterns of Discovery, An Inquiry into the Conceptual Foundations of Science*, Cambridge, Cambridge University Press. (村上陽一郎訳『科学的発見のパターン』講談社, 1973 年)

Hayek, F. 1944, *The Road to Serfdom, Abingdon-on-Thames*, Routledge.(一谷藤一郎・一谷映理子訳『隷従への道──全体主義と自由』東京創元社, 1992 年)

Heckman, J. J. 2005, "The Scientific Model of Causality,*Sociological Methodology*, 35 (1), 1–97.

Hernán, M. A., J. Hsu, & B. Healy 2019, "A Second Chance to Get Causal Inference Right, A Classification of Data Science Tasks", *Chance*, 32 (1), 42–49.

Imbens, G. W. & T. Lemieux 2008, "Regression Discontinuity Designs, A Guide to Practice", *Journal of Econometrics*, 142 (2), 615–635.

King, G., R. O. Keohane, & S. Verba 1994, *Designing Social Inquiry, Scientific Inference in Qualitative Research*, New Jersey, Princeton University Press.(真渕勝監訳『社会科学のリサーチ・デザイン──定性的研究における科学的推論』勁草書房, 2004 年)

Knoke, D. & P. J. Burke 1980, *Log-Linear Models*, Newberry Park, SAGE Publications.

Laudan, L. 1986, *Science and Values, The Aims of Science and Their Role in Scientific Debate*, California, University of California Press.(小草泰・戸田山和久訳『科学と価値──相対主義と実在論を論駁する』勁草書房, 2009 年)

Lee, D. S. & T. Lemieux 2010, "Regression Discontinuity Designs in Economics", *Journal of Economic Literature*, 48 (2), 281–355.

Lévi-Strauss, C. 1949, *Les structuresélémentaires de la parenté*, Paris,

Presses Universitaires de France.(福井和美訳『親族の基本構造』青弓社，2000 年)

Lofland, J. 1980, "Early Goffman, Style, Structure, Substance, Soul", Ditton, J. (ed.), *The View From Goffman*, New York, St. Martin's Press, 24-51.

Lynch, M. 1993, *Scientific Practice and Ordinary Action, Ethnomethodology and Social Studies of Science*, New York, Cambridge University Press. (水川喜文・中村和生監訳『エスノメソドロジーと科学実践の社会学』勁草書房，2012 年)

Merton, R. 1957, *Social Theory and Social Structure*, New York: Free Press.（森東吾・森好夫・金沢実・中島竜太郎訳『社会理論と社会構造』みすず書房，1961 年)

Morgan, S. L. & C. Winship 2014, *Counterfactuals and Casual Inference, Methods and Principles for Social Research〔Second Edition〕*, New York, Cambridge University Press.

Ono, H. 2003, "Women's Economic Standing, Marriage Timing, and Cross-National Contexts of Gender", *Journal of Marriage and Family*, 65 (2), 275-287.

Oppenheimer, V. K. 1988, "A Theory of Marriage Timing,", *American Journal of Sociology*, 94 (3), 563-591.

Orloff, A. S. 1993, "Gender and the Social Rights of Citizenship, The Comparative Analysis of Gender Relations and Welfare States", *American Sociological Review*, 58 (3), 303-328.

Palante, G. 1912, *Les antinomies entre l'individu et la société*, Flix Alcan.(渡邊淳也訳『個人と社会の対立関係』三恵社，2005 年)

Piketty, T. 2013, *Le capital au XXIème siècle*, Seuil.(山形浩生・守岡桜・森本正史訳『21 世紀の資本』みすず書房，2014 年)

Popper, K. 1957, *The Poverty of Historicism*, London, Routledge.(久野収・市井三郎訳『歴史主義の貧困——社会科学の方法と実践』中央公論社，1961 年)

Popper, K. 1959, *The Logic of Scientific Discovery*, Abingdon-on-Thames, Routledge.(大内義一・森博訳『科学的発見の論理(上・下)』恒星社厚生閣，1971・1972 年)

Quine, W. V. O. 1963, *From a Logical Point of View, 9 Logico-Philosophical Essays*, Massachusetts, The Harvard University Press.（飯田隆訳『論理的観点から――論理と哲学をめぐる九章』勁草書房，1992 年）

Riesman, D., N. Glazer, & R. Denny 1950, *The Lonely Crowd, A Study of Changing American Character*, New Haven, Yale University Press.（加藤秀俊訳『孤独な群衆』みすず書店，1964 年）

Sainsbury, D. ed. 1994, *Gendering Welfare States*, Sage Publications.

Salganik, M. J. 2018, *Bit by Bit, Social Research in the Digital Age*, New Jersey, Princeton University Press.（瀧川裕貴・常松淳・阪本拓人・大林真也訳『ビット・バイ・ビット――デジタル社会調査入門』有斐閣，2019 年）

Sennett, R. 1998, *The Corrosion of Character, the Personal Consequences of Work in the New Capitalism*, New York, W.W. Norton.（斎藤秀正訳『それでも新資本主義についていくか――アメリカ型経営と個人の衝突』ダイヤモンド社，1999 年）

Siaroff, A. 1994, "Work, Welfare and Gender Equality, A New Typology", D. Sainsbury ed., *Gendering Welfare States*, Sage Publications,82-100.

Takahashi, K. & S. Yamanaka 2006, "Induction of Pluripotent Stem Cells from Mouse Embryonic and Adult Fibroblast Cultures by Defined Factors", *Cell*, 126 (4), 663-676.

Thaler, R. H. & C. R. Sunstein 2008, *Nudge, Improving Decisions about Health, Wealth, and Happiness*, New Haven, Harcourt.（遠藤真美訳『実践 行動経済学――健康・富・幸福への聡明な選択』日経 BP，2009 年）

Thomas, W. I. & D. Thomas 1928, *The Child in America, Behavior Problems and Programs*, New York, Knopf.

Tsutsui, J. 2019, *Work and Family in Japanese Society*, Springer.

Watts, D. J. 2003, *Six Degrees, the Science of a Connected Age*, New York, W.W. Norton.（辻竜平・友知政樹訳『スモールワールド・ネットワーク――世界を知るための新科学的思考法』阪急コミュニケーションズ，2004 年）

参考文献

Weber, M. 1934, *Die Protestantische Ethik und der Geist des Kapitalismus*, Tuebingen, J.C.B. Mohr.(中山元訳『プロテスタンティズムの倫理と資本主義の精神』日経 BP，2010 年)

Wellman, B. 1979, "The Community Question, The Intimate Networks of East Yorkers", *American Journal of Sociology*, 84 (5), 1201-1231.

Wong, R. S.-K. 2010, *Association Models*, Sage Publications.

Xie, Y. 2007, "Otis Dudley Duncan's Legacy, The Demographic Approach to Quantitative Reasoning in Social Science", *Research in Social Stratification & Mobility*, 25 (2), 141-156.

Xie, Y. & J. Hu 2014,"An Introduction to the China Family Panel Studies (CFPS)", *Chinese Sociological Review*, 47 (1), 3-29.

あとがき

　「はじめに」でも書いたのだが，「シリーズ　ソーシャル・サイエンス」のなかで本書の位置づけは独特である．未刊行のものを含め，シリーズに所収される多くの巻には，「社会を対象にした学問分野にもサイエンスの浸透があり，また独自な展開を見せている」というメッセージが込められている．本書の終章で触れたような「文科系への圧力」に対するカウンターとしては，シリーズのこの趣旨はきわめて有効かつ重要であろう．

　これに対して本書では，科学的なアプローチと社会学的なアプローチを対照的に捉え，前者は距離化戦略，後者は反照戦略を取っていること，さらにそれぞれの戦略がどういう場合に有効になるのか，ということを論じた．

　距離化戦略は抽象的理論や数量データによって対象から距離を取る方針で，対象の同質性(類似性，変化の少なさ)が見込める場合に有効である．他方，反照戦略はあえて対象から距離を取らず，対象とのやり取りを行い，対象から問いや概念を「受け取る」ことをいとわない方針で，対象の異質性(多様性，変化の多さ)がある場合には有効である．

　対象の同質性が多くの場合見込める自然科学では，距離化戦略が優勢なのは当然であろう．これに対して社会科学では，どの場合に距離化戦略が有効で，どの場合に反照戦略が有効なのかは，すぐには判断できないことが多い．ただ，近代化という急激な社会変化を理解するという目的がきっかけのひとつとなって生まれた社会学に

おいて，反照戦略が優勢になったのは何ら不思議なことではない．

　反照戦略の学術活動は，対象との距離の近さもあって，どうしても「非専門的」な色合いを帯びやすい．このため，逆に「近いところにいる」一般人からの懐疑の目線を引き受けることにもなる．数理モデルや統計分析という距離化戦略の主要武器があれば，こういった目線をある程度遮ることもできるかもしれない．反照戦略を取るということは，場合によっては学術的マナーが通用しない，ストレスフルな一般の議論に巻き込まれる覚悟を強いる．それと同時に，学術活動として自らの位置を確保することにも一定の苦労が伴うはずだ．

　しかし，変化の激しい社会において，反照戦略を取る学問は必ず高い説明力を持った議論を展開できる．このことの理由を本書は説明したかった．この目的はおそらく十分には果たされていないが，議論の出発点を示すことはできたのではないかと思っている．

　本書は，2020年からの新型コロナウイルスのパンデミック下で執筆された．新型コロナは，「感染者報告数」に代表されるような，毎日のように発表される統計数値に人々が強い関心を持つ状況を作り出した．2021年の夏には，ワクチンの有効性といった専門的数値にも関心が集まるようになってきた．数字が独り歩きするなか，SNSには，びっくりするような誤解や根拠のない情報が飛び交うようになった．専門的な知識や情報は，いったん人々の言説空間で流通しだすと，いとも簡単に別の意味を持たされ，専門知と一般言説の間の歪んだ反照関係が露呈する．こういった「数字」の社会的挙動についても，社会学はこれから研究を積み重ねていく必要があるだろう．

　本シリーズでは，講座形式の出版としてはおそらく珍しいと思う
が，各巻の執筆陣が相互に「ピアレビュー」を行うという試みをし
ている．シリーズ全体の統括は東京大学の井上彰先生が行っている
が，井上先生は哲学者にしては(と言ってよければ)科学者的なふる
まいをされる方である．査読ジャーナルの業績を重視されるし，実
験哲学分野での業績も発表されている．その井上先生が，「社会学
の科学化」を推し進めているわけでもない私を執筆陣として推挙し
てくださったわけだから，私のミッションは，一歩引いた目線から
「ソーシャル・サイエンス」を見据えることで，シリーズに奥行き
を持たせることなのだと理解した．

　実際に私の巻のレビューを担当されたのは，早稲田大学の清水和
巳先生であった．清水先生は理論経済学者であるが，行動経済学や
実験経済学分野での業績も多い．「本格派」の経済学の方にみてい
ただけるのは嬉しく感じる半面，どれほど不備を指摘されるのだ
ろうかと覚悟をしていたのだが，思いの外好意的な評価をいただい
た．それと同時に数々の有用な示唆をいただいたので，できる範囲
で内容を修正したつもりである．岩波書店の田中朋子さんには，最
初の原稿に含まれていたおびただしい数の不備を直していただくな
ど，たいへんお世話になった．必ずしもスムーズに読み進められる
文章ではなかったと思うが，根気強くお付き合いしていただいた．

　本シリーズの執筆陣に加えていただいた井上先生，レビューをし
ていただいた清水先生，編者校正してくださった田中さんにあらた
めて感謝したい．わかりにくい箇所の指摘もしていただいたが，筆
者の力量不足もあり，十分に対応できなかったところもまだ残され
ている．それでも，「科学と社会学」について読者の方が何かしら

考えるきっかけを本書から拾っていただくことがあれば，幸いである．

2021 年 8 月

筒井淳也

追記　本研究は JSPS 科研費 19H00615 および 20H05804 の助成を受けたものです．

筒井淳也

1970 年生．1999 年，一橋大学大学院社会学研究科博士課程満期退学．博士(社会学)．計量社会学，家族社会学．現在，立命館大学産業社会学部教授．著書に，『仕事と家族——日本はなぜ働きづらく，産みにくいのか』(中公新書)，『結婚と家族のこれから——共働き社会の限界』(光文社新書)，『社会学入門——社会とのかかわり方』(共著，有斐閣ストゥディア)，『社会を知るためには』(ちくまプリマー新書)など．

シリーズ ソーシャル・サイエンス
社 会 学——「非サイエンス」的な知の居場所

2021 年 11 月 16 日　第 1 刷発行
2022 年 2 月 15 日　第 2 刷発行

著　者　筒井淳也
つつ い じゅんや

発行者　坂本政謙

発行所　株式会社 岩波書店
〒101-8002 東京都千代田区一ツ橋 2-5-5
電話案内 03-5210-4000
https://www.iwanami.co.jp/

印刷製本・法令印刷

「社会科学」の学問イメージ・方法論を刷新する
画期的なシリーズ

シリーズ　ソーシャル・サイエンス（全8冊）

B6判，並製横組，176〜224頁
定価1980〜2200円（税込・予価）

★は既刊

＊タイトルは変更の可能性があります

——————岩 波 書 店 刊——————
定価は消費税10%込です
2022年2月現在